DK 儿童探索百科丛书

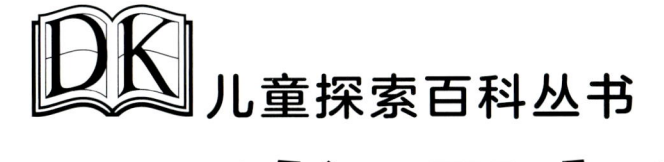

发现新大陆

—— 见证哥伦布的探险历程

葡萄牙商人从非洲贩运奴隶

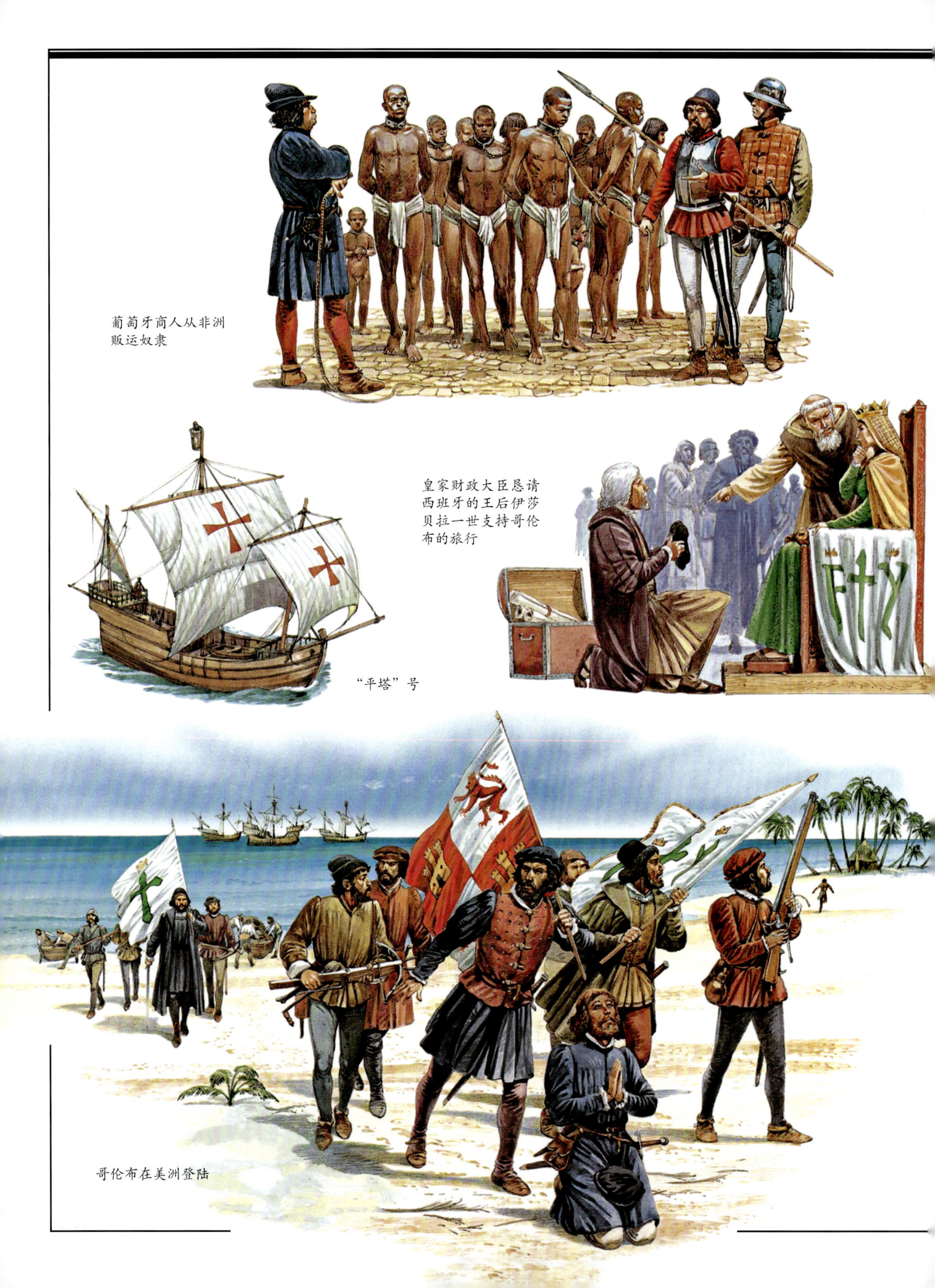

皇家财政大臣恳请西班牙的王后伊莎贝拉一世支持哥伦布的旅行

"平塔"号

哥伦布在美洲登陆

DK 儿童探索百科丛书
发现新大陆
——见证哥伦布的探险历程

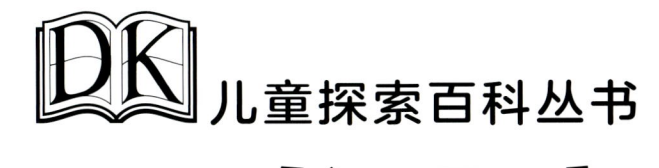

［英］彼得·克里斯普 著
［英］彼得·丹尼斯 绘
杨 静 译

四川科学技术出版社

图书在版编目（CIP）数据

发现新大陆：见证哥伦布的探险历程 /（英）彼得·克里斯普著；（英）彼得·丹尼斯绘；杨静译. — 成都：四川科学技术出版社，2017.11（2018.7重印）
（DK 儿童探索百科丛书）
ISBN 978-7-5364-8854-0

Ⅰ.①发… Ⅱ.①彼… ②彼… ③杨… Ⅲ.①哥伦布 (Columbus, Christopher 1451-1506) – 传记 – 儿童读物 Ⅳ.① K835.465.89-49

中国版本图书馆 CIP 数据核字 (2017) 第 278759 号

著作权合同登记图进字 21-2017-651 号

发现新大陆——见证哥伦布的探险历程
FAXIAN XINDALU
——JIANZHENG GELUNBU DE TANXIAN LICHENG

出 品 人	钱丹凝
著 者	［英］彼得·克里斯普
绘 者	［英］彼得·丹尼斯
译 者	杨 静
责 任 编 辑	徐登峰 李 珉
特 约 编 辑	王冠中 米 琳 李香丽 房艳春
装 帧 设 计	刘宝朋 张永俊 刘 朋
责 任 出 版	欧晓春
出 版 发 行	四川科学技术出版社
	成都市槐树街 2 号 邮政编码：610031
	官方微博：http://weibo.com/sckjcbs
	官方微信公众号：sckjcbs
	传真：028-87734037
成 品 尺 寸	216mm×276mm
印 张	3
字 数	48 千
印 刷	北京华联印刷有限公司
版次 / 印次	2018 年 1 月第 1 版 / 2018 年 7 月第 2 次印刷
定 价	45.00 元

ISBN 978-7-5364-8854-0

本社发行部邮购组地址：四川省成都市槐树街 2 号
电话：028-87734035 邮政编码：610031

版权所有 翻印必究

A WORLD OF IDEAS:
SEE ALL THERE IS TO KNOW
www.dk.com

Original Title: DK Discoveries: Christopher Columbus
Copyright © 2001 Dorling Kindersley Limited
A Penguin Random House Company

致 谢

The publisher would like to thank the following for their kind permission to reproduce their images:
Position key: c=centre; b=bottom;l=left; r=right; t=top

AKG London: 6tl, 22bl, 40bc;Bibliotheque Nationale 4br, 5tr; British Library 7t; Erich Lessing 25br; Sevilla Biblioteca Columbina 8cl; Veintimilla 43cl; Bridgeman Art Library, London / New York: Biblioteca Nacional, Madrid,Spain 42tr; British Library 2–3, 5b; Library of Congress, Washington 31cr; British Library, London: 30cl, 41b; British Museum: 4bl, 8tl, 11cr, 43br; INAH 36bl, 42bl; Corbis UK Ltd: 32–33; Bettmann 28cl; The Art Archive: Palazzo Farnese Caprarola/Dagli Orti 40br; Mary Evans Picture Library: 14–15dps, 35tl; De Lorgues 39br; Glasgow University Library: Ms Hunter 42cr; INAH: 36bl, 42bl; Katz Pictures: The Mansell Collection 10bl, 11tl, 26–27; Museum of Mankind: 43t; Museum of Order St. John: 31c (above); Peter Newark's Pictures: 40cl; Ernest Board 40tr; National Maritime Museum: 7tc, 8br, 37bc, 41tr, 41cr; N.H.P.A.: Kevin Schafer 35cr; Robin Wigington, Arbour Antiques: 31tl; Scala Group S.p.A.: Biblioteca Nazionale Firenze 42c; Science Photo Library: Eye of Science 29tl; Wallace Collection: 31cl (above); Warwick Castle: 31tc.

目 录

2　探险的时代

4　寻找"印度"

6　克里斯托弗·哥伦布

8　航海计划

10　向皇家请求支持

12　船与船员

14　船队起航

16　航程

20　天外来客

22　在海地岛遭遇海难

24　凯旋

26　西班牙定居点

28　重返海地岛

30　海地岛上的恐慌

32　到达大陆

34　另一个世界

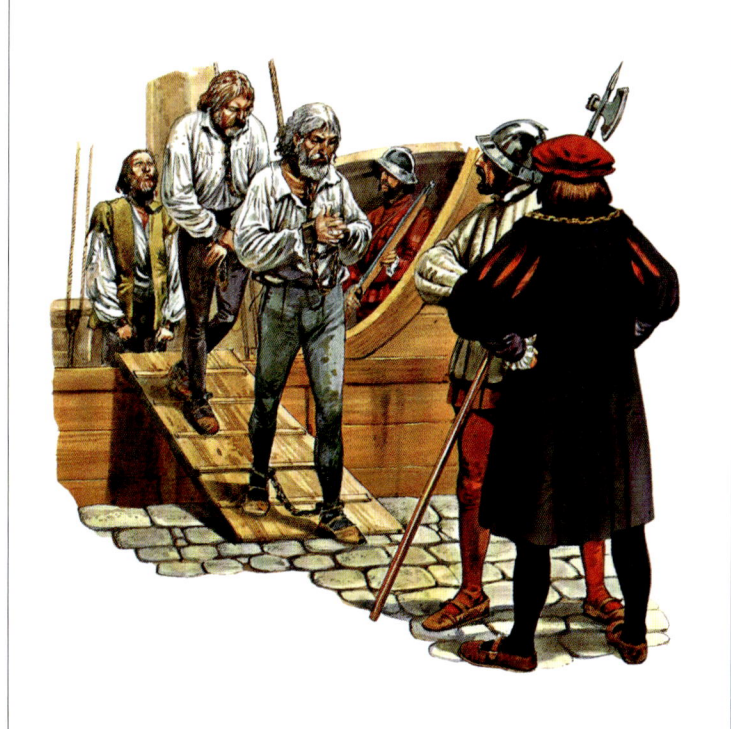

36　穿过狂暴的加勒比海

38　滞留牙买加

40　探险航海

42　征服者

探险的时代

直到 15 世纪初，欧洲人对于广阔的世界仍然知之甚少。进入 15 世纪后，当葡萄牙王国开始派出舰船航海探险的时候，一切都在发生着变化。葡萄牙探险家们开辟了通往非洲西海岸的航路，在他们所到之处建立商站，还发现了进入印度洋的通道。

葡萄牙

非洲海岸的名字是葡萄牙探险者起的

> 这是英雄的故事，他们远离养育他们的葡萄牙，横渡了前人从未航行过的大海，开辟了一条通往锡兰（今斯里兰卡）的航线。
>
> ——《卢济塔尼亚人之歌》
> 路易斯·德·卡蒙斯著
> （1572 年）

亨利古斯·马特路斯在 1490 年绘制的世界地图

轻型多桅船

葡萄牙探险者驾驶着轻型多桅的小船，扬帆驶入了不为人知的太平洋。

轻型多桅船带有的三角船帆，在风中行驶时要好于方形帆

中国的城市

威尼斯商人马可·波罗曾在13世纪到过中国。他带回了有关富饶的中国城市的故事。

位于印度洋上的锡兰

寻找"印度"

欧洲人探险旅行的目的是到达"印度",其实,这是古代欧洲人给亚洲起的名字。在他们的概念里,"印度"包括从现在的印度到日本的整个亚洲东部地区。至于"印度"在什么地方,欧洲人只有一个含糊不清的概念。他们知道的只是"印度"很富有,那里有香料、黄金、珠宝和丝绸。在欧洲,这些都是稀缺的商品,欧洲人极其渴望得到这些商品。

> 日本有数不清的黄金。这个岛的统治者有一个巨大的宫殿,全都是用镏金的木头建成的。
> ——《马可·波罗游记》
> 马可·波罗和比萨人鲁斯蒂谦合著
> (1299年)

马可·波罗

在12世纪末,威尼斯商人马可·波罗成为为数极少的到过亚洲的欧洲人。他沿着丝绸之路走了4年才来到中国,为中国元朝皇帝忽必烈当了17年外交官。

奉忽必烈之命,马可·波罗出使亚洲各国

丝绸之路

几个世纪以来,香料和其他东方的商品沿着一条陆路运到欧洲,这就是从中国开始的丝绸之路。由于在这条路线上运输和销售这些商品的所有商人都要赚得利润,所以,这些商品被运到欧洲以后价格极其昂贵。

像肉桂这样的香料,为欧洲人的食物添加了令人兴奋的新鲜味道

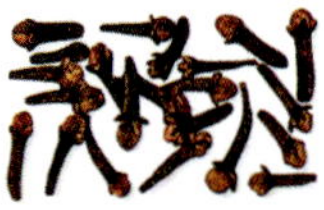

丝路商品

从丝绸之路输送到欧洲的商品来自亚洲各地,丝绸产自中国,肉桂来自斯里兰卡,印度则提供了黑胡椒。

肉桂

丁香

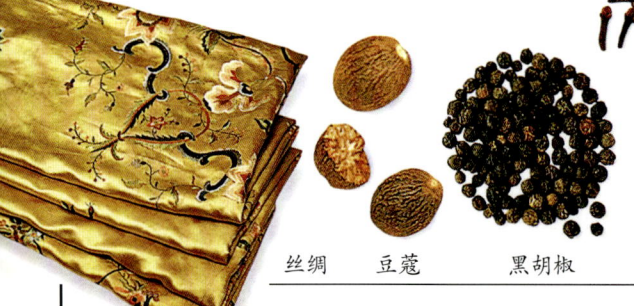

丝绸 豆蔻 黑胡椒

香料群岛

最昂贵的香料,包括豆蔻和丁香,只出产于印度尼西亚东部的"香料群岛"(马鲁古群岛)。

迷人的故事

在回到意大利以后,马可·波罗的"印度"故事作为一本书出版了。他在这本书中描写道:亚洲的河里到处都是精美的石头(如上图),许多石头带有奇妙的光彩。意大利人热爱他的故事,但是许多读者认为,这些故事是他自己编造的。

奥斯曼帝国

到了15世纪，十字军东征失败了，欧洲处于防御状态。奥斯曼帝国发起了战争，扫平了希腊和巴尔干半岛，征服了地中海诸岛，如罗德岛。奥斯曼帝国的强大使得欧洲人更加难以经过陆路去往"印度"。

奥斯曼军队于1522年征服罗德岛

没有去往东方的路

信奉基督教的欧洲（粉红色区域）被伊斯兰地区包围着，它占据着南方和东方广袤的土地（绿色区域）。自11世纪以来，当时的基督徒们发起了一系列宗教的战争，史称"十字军东征"。

骆驼被誉为"沙漠之舟"，它不仅可以比马或驴负载更多的东西，还能适应路上遇到的荒芜的沙漠环境

航海家亨利

葡萄牙的亨利王子，人称"航海家亨利"，他认为从海上走是绕过阻隔的最佳路径。在15世纪初，他派出一系列探险队沿非洲海岸航行。亨利开创了欧洲探险的时代。

骆驼商队

骆驼是丝绸之路上负载商品的主要运输工具。它们长途旅行，被称为骆驼商队。

骑在矮小、粗壮的马上，中国元朝的士兵护送马可·波罗执行任务

知识宝库

- 在热那亚服刑期间，马可·波罗把他的故事口授给一个名叫鲁斯蒂谦的作家。
- 他在书中声称，中国用一种黑色的石头（煤炭）当燃料，这时的欧洲人对煤炭还一无所知，因此大家认为这难以置信。
- 在马可·波罗死前，他被问道，他是否编造了故事。马可·波罗回答说，他还没有记下在"印度"所见所闻的一半。
- 其他一些旅行家的故事则说，那里有巨大的采金蚂蚁和无头人，他们的脸长在胸前。

祭司王约翰

亨利听旅行家们讲述了强大的基督教国王的故事，这个国王名叫祭司王约翰，他统治着非洲或亚洲的某个地方。亨利希望葡萄牙人的探险远征能够发现祭司王约翰，所以，他才支持欧洲的基督教徒发起一场新的战争。

想象中的国王

尽管祭司王约翰被画在地图上，可是他并不存在。

克里斯托弗·哥伦布

1451年，克里斯托弗·哥伦布出生于意大利北部的热那亚，从很小的时候起哥伦布就立志当一个航海家，而不愿沿袭他的父辈们织工或毛纺织品商人的生活。十几岁时，他就开始了环地中海的商业航行。他只受过很少的正规教育，但是，却显示了成为航海家的天才技能。25岁时，他移居葡萄牙。对于一个热切希望发现新世界的热血青年来说，在那个探险的时代，葡萄牙是一个理想的国度。

热那亚港口版画

哥伦布的故乡热那亚，是地中海最繁忙的港口之一。作为一个孩子，哥伦布一定看到过进出港口的成百上千的商船，憧憬着一个水手的探险生涯。

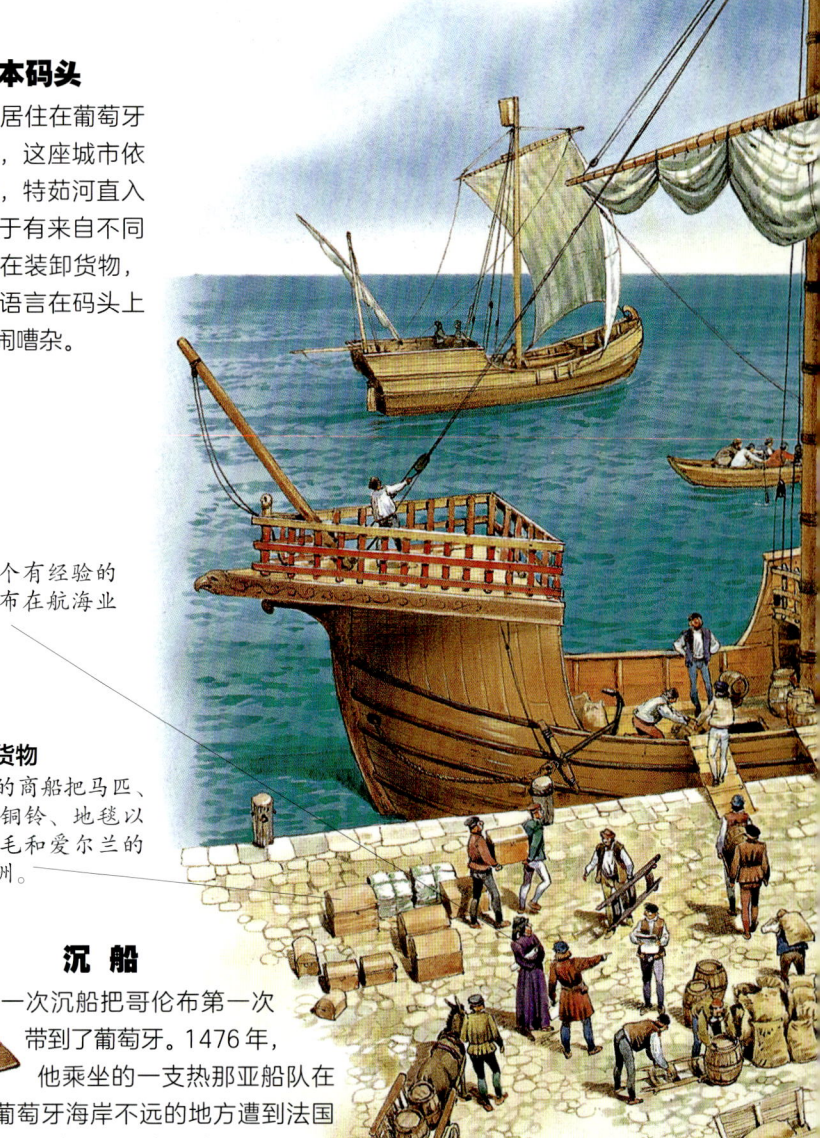

里斯本码头

哥伦布居住在葡萄牙首都里斯本，这座城市依特茹河而建，特茹河直入大西洋。由于有来自不同大陆的水手在装卸货物，各种不同的语言在码头上空回响，热闹嘈杂。

水手哥伦布

作为一个有经验的水手，哥伦布在航海业很受欢迎。

驶入大西洋

从里斯本出发，哥伦布进行了几次进入大西洋的远航。他向北到了冰岛，向南到了几内亚，与此同时，他还学习有关大洋季风和洋流方面的知识。

欧洲的出口货物

葡萄牙的商船把马匹、玻璃串珠、铜铃、地毯以及英国的羊毛和爱尔兰的亚麻运到非洲。

沉 船

一次沉船把哥伦布第一次带到了葡萄牙。1476年，他乘坐的一支热那亚船队在距葡萄牙海岸不远的地方遭到法国战舰的攻击。哥伦布乘坐的那条船被击沉，不过他安全地游到了岸上。

哥伦布抱着一支船桨逃生

在已知的水域里航行

哥伦布学会了使用指南针和航海地图来确定航向。这种地图上标有纵横交错的线，当航行在已知水域的时候，水手可以使用这两种工具在两个港口之间标出一条路线。

指南针
指南针上的磁针由于受地磁的吸引，针的一头总是指着北方。

航海地图
在画航海图时，绘图者为了画得精确，要使用十字交叉线构成的网格。这些线条也可帮助航海家确定航行方向，计算与港口的距离。

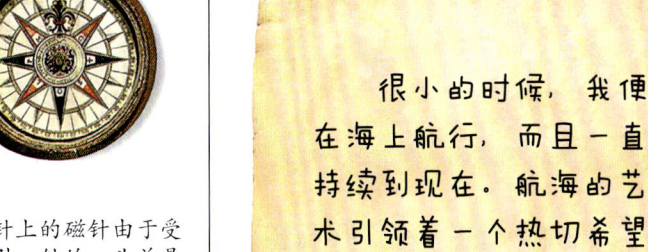

> 很小的时候，我便在海上航行，而且一直持续到现在。航海的艺术引领着一个热切希望探索世界奥秘的人。
>
> ——摘自哥伦布给西班牙国王和王后的信

黄金海岸贸易
葡萄牙人在西非的几内亚发现了十分丰富的黄金资源，他们称之为"黄金海岸"。这里的黄金被运回里斯本，在这里铸成名为克鲁塞罗（十字币）的金币。

丰厚的回报
哥伦布乘船来到几内亚，他所见到的黄金矿藏深深地吸引了他，使他懂得了航海探险的利润是多么丰厚。

皈依基督教
葡萄牙人发现受奴役的黑人奴隶没有别的信仰，他们便让这些奴隶皈依基督教，使他们相信通过获得"真诚的信仰"将会从中受益。

产于马德拉的甘蔗

非洲的出口货物
从非洲驶来的商船卸下黑人奴隶、成箱的金粉、成捆的象牙，以及一桶桶的粉状辣椒。

在当时的非洲，这11个奴隶用一匹马就可以换来

贩运奴隶
1450年到1500年期间，大约有15万非洲黑人通过里斯本港口被转卖到欧洲和美洲等地。葡萄牙人把这些黑人从当地奴隶贩子和强盗手中买过来转卖，这些当地的奴隶贩子和强盗经常相互攻击他人的领地，以便抓获黑人俘虏，这些俘虏被作为奴隶出卖。

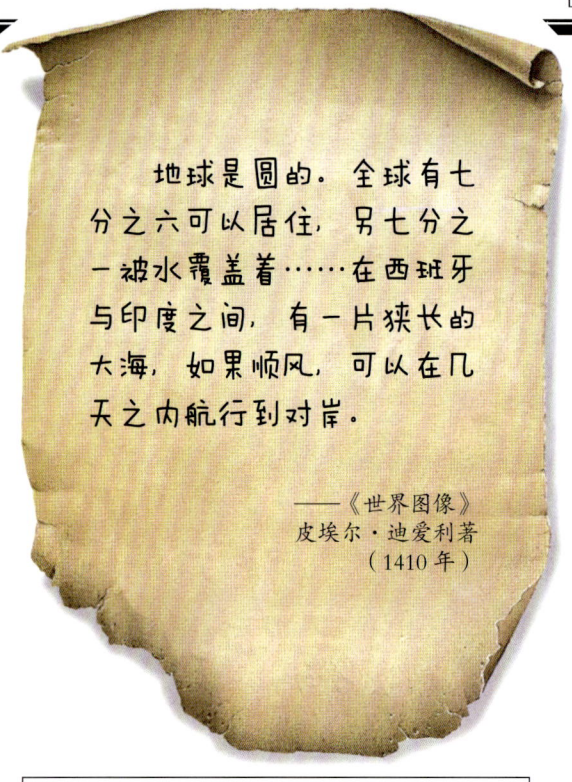

航海计划

地球是圆的。全球有七分之六可以居住，另七分之一被水覆盖着……在西班牙与印度之间，有一片狭长的大海，如果顺风，可以在几天之内航行到对岸。

——《世界图像》
皮埃尔·迪爱利著
（1410年）

当哥伦布开始大西洋上的商业航海活动时，一定常常注视着西方的地平线，想要知道那儿究竟有什么奥秘。这时的大西洋仍然是一片神秘的大海，没有人知道它有多宽，也无法知道用什么才能横渡大海。哥伦布读过马可·波罗有关日本金顶宫殿以及中国大汗的财富的故事。他感到那片富饶的土地一定在大西洋的另一边，而且从海上向西航行就一定能够到达那里。哥伦布制订了一个横渡大西洋，找到富饶的"印度"的计划。

《世界图像》

哥伦布在《世界图像》这本书中为他的计划找到了依据，这是一本由法国红衣主教皮埃尔·迪爱利写的一本地理学著作。作者从一本古代犹太人的书中看到，海洋仅仅覆盖着地球表面的1/7。根据这些描述，迪爱利认为，大西洋不是一片宽阔无边的大洋。

哥伦布用不同颜色的墨水在《世界图像》这本书上作了笔记，这表明，他把这本书读过许多遍

证据

哥伦布阅读地理学著作，以便从中证明他的航行是可行的。他计算着欧洲和亚洲的大小，以及环绕地球一周的距离。根据少数几个支持他的想法的作家作品，哥伦布试图证明大西洋是一片狭窄的海洋。

哥伦布在工作时总是把《世界图像》和《马可·波罗游记》放在手边

作为出色的地图绘制者，哥伦布画了一张海图以证明他的计划是可行的

保罗·托斯卡内利

哥伦布听说，1474年，意大利学者保罗·托斯卡内利曾经试图说服葡萄牙国王，支持一次向西去往亚洲的远航。哥伦布便写信给他，托斯卡内利寄给他一张海图和一封信，对他"伟大而光荣的愿望"予以鼓励。

《圣经》

作为一个虔诚的基督徒，哥伦布相信全部的重要知识都在《圣经》里，它被认为是上帝的话。《圣经》提到的大陆只有欧洲、亚洲和非洲，所以，当时的他不知道还有美洲。

与哥伦布同名的圣徒克里斯托弗，是基督教里航海家和旅行家的保护神

作为一个强烈地信仰宗教的人，哥伦布常常读《圣经》

哥伦布在祈祷时使用十字架和《圣经》

圣徒克里斯托弗

克里斯托弗这个词的本义是"背负基督的人"，这个名字来自于一个传说。在传说中，有个人背着一个小孩安全地渡过一条河。过河后，那个小孩才表明他就是耶稣基督，人们后来就叫这个背小孩过河的人为克里斯托弗，克里斯托弗也成了人们心目中的圣徒。哥伦布感到，他是新的圣徒克里斯托弗，上帝选择了他，让他带着基督徒们穿过大海到达"印度"。

马丁·贝海姆

德国地理学家马丁·贝海姆也用与哥伦布相似的方法绘制了世界地图，他也梦想进行一次向西去往"印度"的航行。尽管当时贝海姆与哥伦布都在葡萄牙，但是，没有证据表明两人见过面。

贝海姆的地球仪

1492年，贝海姆做了一个地球仪，以便证明向西航行去往"印度"是可行的。贝海姆的地球仪是当今世界上现存最古老的地球仪。

贝海姆1492年所做的地球仪的仿制品

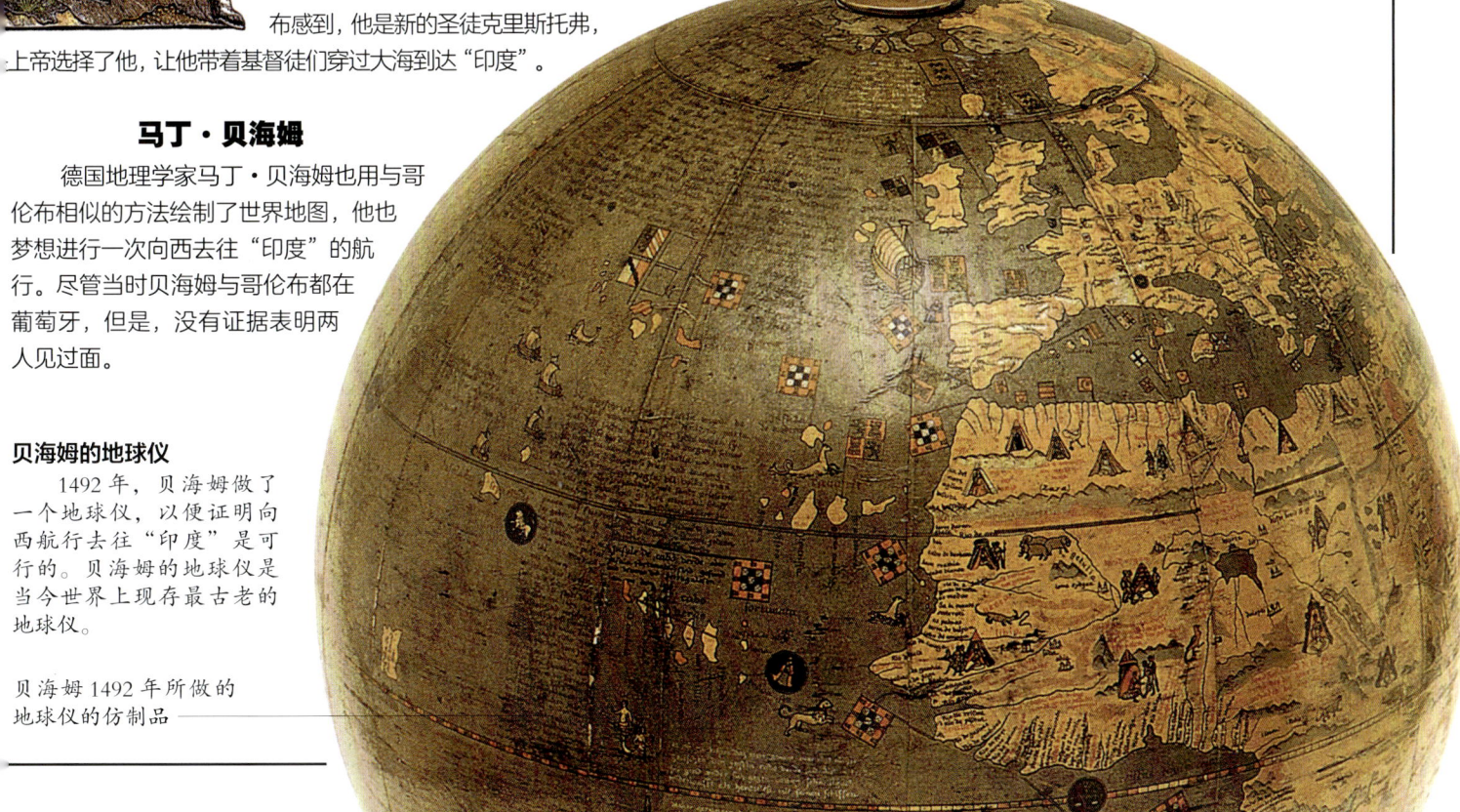

绘制地图

当时所有受过教育的人都知道，地球是圆的。不过对于它的大小、它表面有多少地方覆盖着水，人们还有不同意见。许多学者相信，大西洋覆盖了地球的一半。哥伦布不同意这个看法，因为，这个看法使他的远航变得不靠谱。

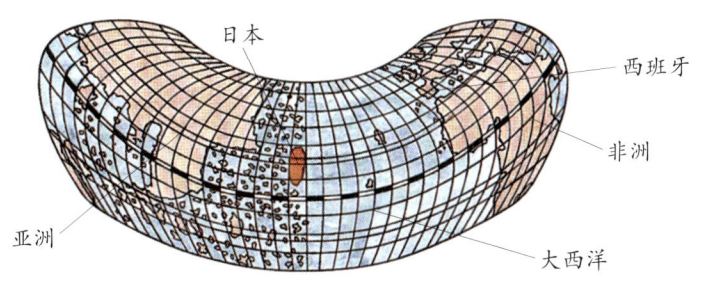

日本 — 西班牙 — 非洲 — 大西洋 — 亚洲

哥伦布的地球

哥伦布假设地球上只有西班牙与亚洲之间的大西洋这一片水域。他也认为，在亚洲海岸之外有许多小岛，在那里他可以停下来休息。

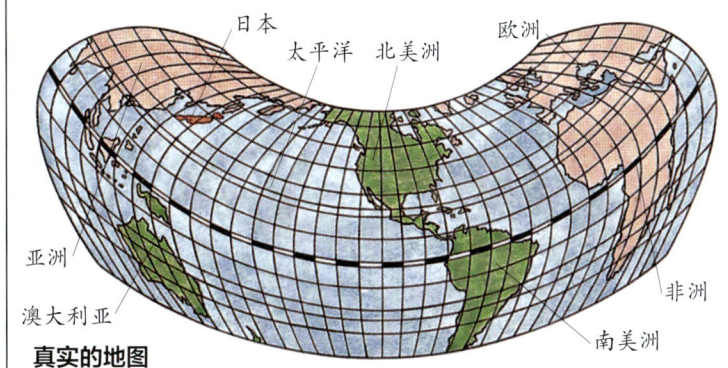

日本 — 太平洋 — 北美洲 — 欧洲 — 亚洲 — 澳大利亚 — 非洲 — 南美洲

真实的地图

哥伦布错误地判断了地球的大小，他所认为的地球的大小要比真实的地球小许多。地球上有巨大的陆地——美洲，有哥伦布希望到达的亚洲和另一片陆地——大洋洲，在亚洲的东面有一个巨大的海洋——太平洋，它把美洲与亚洲分隔开来。

向皇家请求支持

没有皇室的支持，哥伦布是不可能进行航海的。他希望作为一个强大国家的外交使臣到达"印度"，他也需要国王的金钱来支付造船费用、船员工资和给养等全部开销。哥伦布的抱负也极大，期望因为他的发现而受到奖励使自己成为贵族。在1484年，他朝见葡萄牙国王约翰二世时，陈述了他的计划。约翰二世并不相信马可·波罗有关日本国的故事，他拒绝了哥伦布的计划，但是这时约翰二世对哥伦布的商船从非洲带回来的财富产生了浓厚兴趣。

拜见王后
在葡萄牙遭到拒绝以后，哥伦布于1485年来到了西班牙，寻求西班牙国王斐迪南二世和王后伊莎贝拉一世的支持。看到哥伦布的计划以后，伊莎贝拉一世在科尔多瓦接见了哥伦布，带着极大的兴趣聆听了哥伦布的计划。

征 服

斐迪南二世和伊莎贝拉一世正忙于一场与摩尔人的战争，摩尔人统治着西班牙南部。只是在1492年1月2日攻下格兰纳达以后——这是摩尔人在西班牙的最后一座堡垒，他们才用全部精力关注哥伦布的建议。

莱昂与卡斯蒂利的兵器

斐迪南二世的木刻画，纪念1492年征服格兰纳达

格兰纳达的兵器外套

审议委员会开会之前
斐迪南二世和伊莎贝拉一世对于地理学和探险航海知之甚少，所以，他们任命了一个由皇室专家组成的"审议委员会"，以审议哥伦布的计划是否现实。这些专家大多数是教会人士，也有一些学者和海员。

陈述计划
哥伦布向皇室的专家陈述了他的计划。为了支持他自己的观点，他向审议委员会的专家们出示了他的大西洋海图，向他们读了他最喜爱的一些地理学著作。

回到葡萄牙

1488年,在等待专家们决定期间,哥伦布想到葡萄牙再试试他的运气,他及时赶回葡萄牙,以观看探险家迪亚士的凯旋——迪亚士刚刚发现了一条绕过非洲的南端,也就是从好望角进入印度洋的路线。

希望与忧郁

迪亚士发现的海岬被命名为好望角。迪亚士已经打开了一条向东去往印度的路线。葡萄牙人现在认为,哥伦布没有任何用处,所以他怀着忧郁的心情回到了西班牙。

迪亚士在好望角竖起了一座十字架,声明那块土地属于葡萄牙。

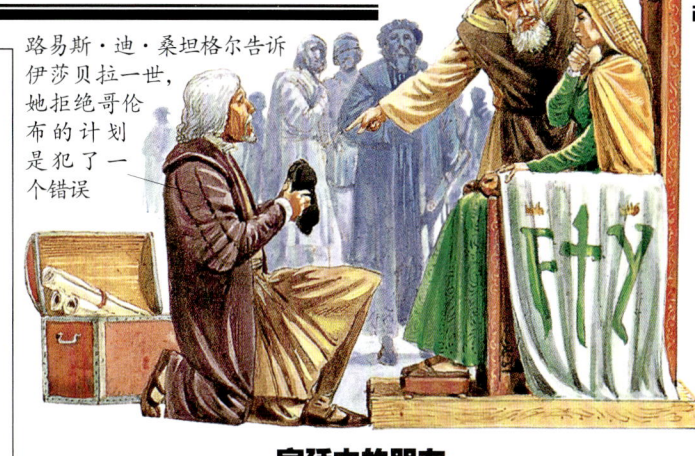

专家们作出决定

专家们得出结论说,哥伦布的意见是错的,他们认为向西航行到亚洲将需要三年的时间。伊莎贝拉一世和斐迪南二世也拒绝了哥伦布的请求——因为哥伦布想要作为总督管理他所发现的一切地方。1492年1月,也就是6年半以后,哥伦布又一次遭到了拒绝。

审议委员会的专家们不相信哥伦布的计划

路易斯·迪·桑坦格尔告诉伊莎贝拉一世,她拒绝哥伦布的计划是犯了一个错误

宫廷中的朋友

桑坦格尔,一位皇家财政大臣,是哥伦布的朋友。桑坦格尔告诉伊莎贝拉一世说,哥伦布的计划将使西班牙变得富裕和繁荣,有助于基督教的传播。他警告说,如果一个敌对的王国资助了这次航海,西班牙将会错失机会。

资助旅行

桑坦格尔对哥伦布并没有足够的信心,所以他不肯自己资助哥伦布。在桑坦格尔的游说下,伊莎贝拉一世说,她将向这次旅行提供资助,即使这意味着典当她自己的珠宝。

印有斐迪南二世和伊莎贝拉一世头像的金币

哥伦布从皇家信使那里得到了好消息

哥伦布被召回

与此同时,哥伦布已经带上自己的行李去往法国了,他想要把自己的计划献给另一个国王,但是很快,一个信使从后边追来,告诉他王后已经改变了主意,他终于可以驶往"印度"了。

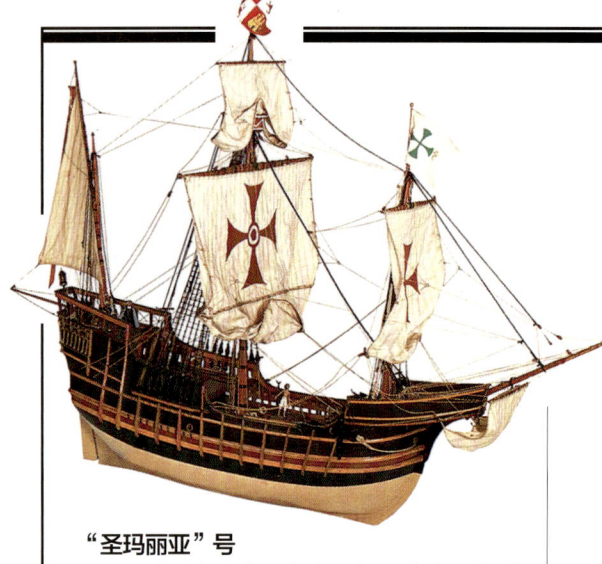

DK 儿童探索百科丛书

船与船员

1492年5月12日，哥伦布来到了西班牙南海岸的帕罗斯港，准备他去往"印度"的远航。帕罗斯人曾经试图通过某种方式颠覆斐迪南二世和伊莎贝拉一世的政权，现在其详细情况已经不为人知。作为惩罚，他们被命令向哥伦布提供两艘船，"尼娜"号和"平塔"号。哥伦布从他的朋友朱安·迪·科萨那里租了第三艘船"圣玛丽亚"号。得到船只是准备工作中最容易实现的部分。现在，哥伦布不得不找到90多个青壮年来驾驶这三艘船。

"圣玛丽亚"号

那时的船没有正式的名字，一般都以"圣"字开头，然后是一个女性的昵称。玛丽亚是西班牙北部加利西亚一带女性常见的昵称，哥伦布的旗舰"圣玛丽亚"号，是在那里建造的，是一艘圆腹货船，这是船队中航速最慢的一艘，也是最难驾驶的一艘。

船锚可以通过这个洞用一条长而粗的绳索吊起或放下

瞭望员

瞭望员一天到晚站在船的前头和桅顶，他们的眼睛始终巡视着海面，寻找陆地的影子。

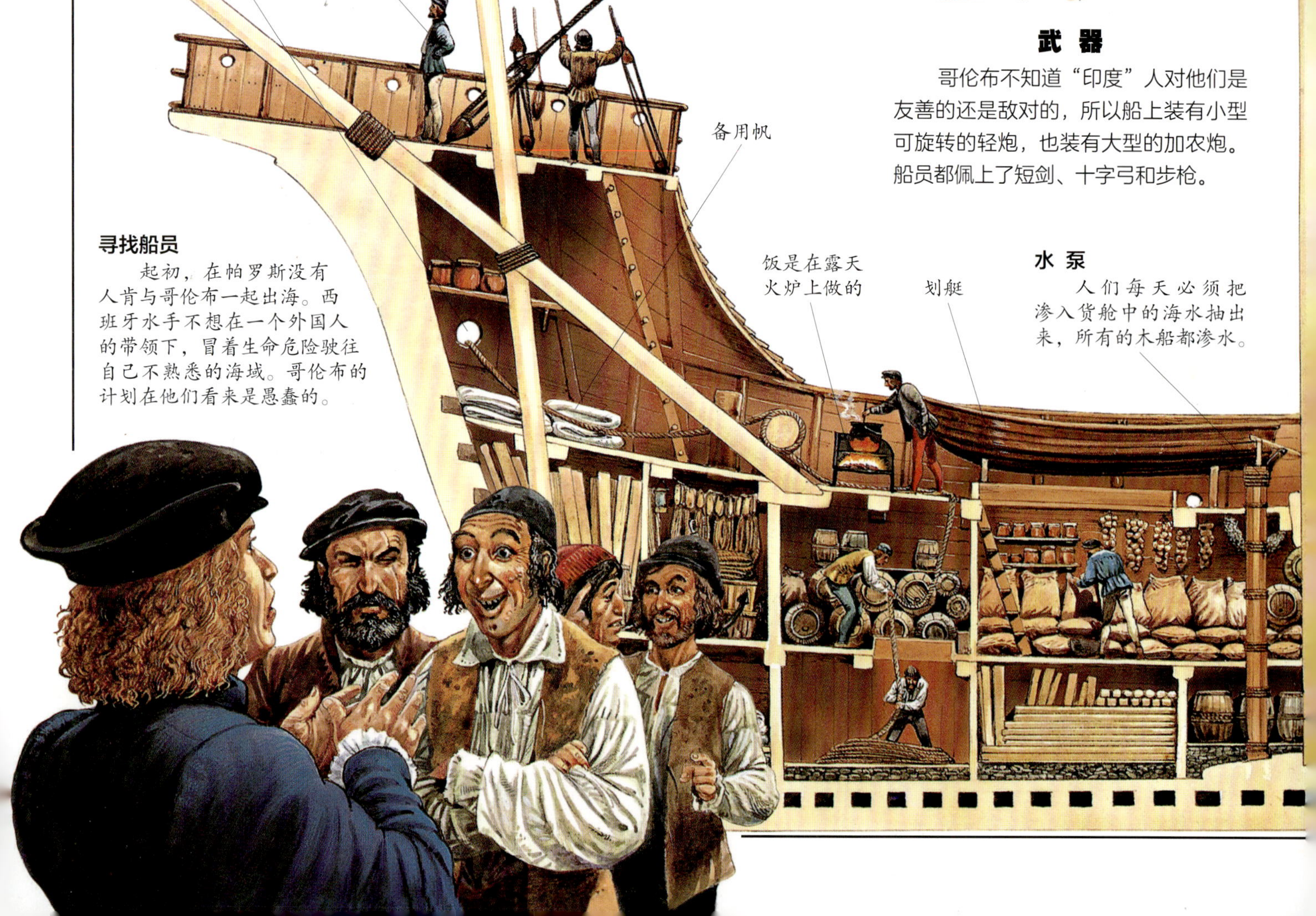

"圣玛丽亚"号内部

在长达4个月的时间里，"圣玛丽亚"号将是40多位男子汉的家，与他们在一起的还有船中的蟑螂、老鼠、虱子，而且，每个人都要睡在露天甲板上——甲板下面太狭窄而且臭味太大。

轻炮

武器

哥伦布不知道"印度"人对他们是友善的还是敌对的，所以船上装有小型可旋转的轻炮，也装有大型的加农炮。船员都佩上了短剑、十字弓和步枪。

备用帆

寻找船员

起初，在帕罗斯没有人肯与哥伦布一起出海。西班牙水手不想在一个外国人的带领下，冒着生命危险驶往自己不熟悉的海域。哥伦布的计划在他们看来是愚蠢的。

饭是在露天火炉上做的

划艇

水泵

人们每天必须把渗入货舱中的海水抽出来，所有的木船都渗水。

"尼娜"号

三艘船中最小的船"尼娜"号，是一艘装有大三角帆的轻型快船。它的正式名字是"圣塔克拉拉"号，本意为"少女"，很可能是它的船主朱安·尼诺名字的双关语。它即使在风暴中也很容易驾驶，很快它就成为哥伦布最喜欢的船，在航行中作为第二指挥船。

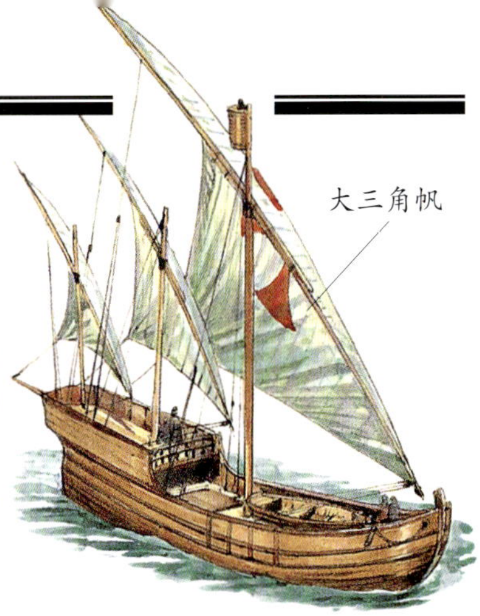

大三角帆

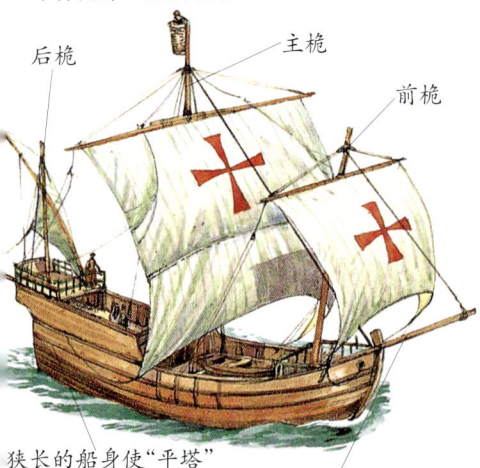

后桅　主桅
　　　前桅

"平塔"号

三艘船中最快的"平塔"号是一艘轻型多桅帆船（就是人们熟知的圆腹快帆船）。"平塔"是一个昵称，意思是"斑点"；没有人知道它的正式名称。在航行过程中，"平塔"号经常行驶在其他船只前面寻找陆地。

狭长的船身使"平塔"号航速更快

船首斜桅

压舱物
用石头做压舱物，使船更稳。

舵手
舵手在甲板下面掌舵，听从上面领航员喊出的命令。

这些鸡可以产蛋和提供新鲜肉食

货物装在货舱里

领航员

轻型火炮安装在露天掩体（加高的船侧壁）里

哥伦布的船长室

平松兄弟

马丁·阿隆索·平松，是当地一个受人尊敬的船长，他很赞同哥伦布航海到"印度"的计划。平松渴望与哥伦布一起出海，还凭他的影响力拉来了他的弟弟——帕罗斯的航海家维森特·亚涅斯·平松。

维森特·亚涅斯·平松
"尼娜"号由维森特负责，在随后的几年里，他将走向去往南美洲的探险远航。

马丁·阿隆索·平松
马丁被委任为"平塔"号的船长，后来，马丁反对哥伦布选择的路线，不服从哥伦布的命令，最后在航行中离开了哥伦布的船队。

装载给养

哥伦布带上了足以维持几个月的给养。木桶里装的是葡萄酒、水、醋、咸鱼、猪肉和牛肉。也有许多大米、面粉、扁豆、蚕豆和专供船上用的饼干（坚硬、扁平的面包）。船上也有一些箱子装着加农炮弹、火药、十字弓矢、鱼线和鱼钩，以及用来贸易的商品，如毛纺织帽子和玻璃球等。

货物清单

发现新大陆——见证哥伦布的探险历程

假日记

1492年9月10日

在加那利群岛重新启程后，哥伦布决定编造一个假的航海日记让船员们看。他知道，这可能是一次漫长的航行，随着离西班牙越来越远，他的水手们将会越来越担忧，他希望用这些假航海日记来消除他们的恐惧心理。

马尾藻海

1492年9月16日

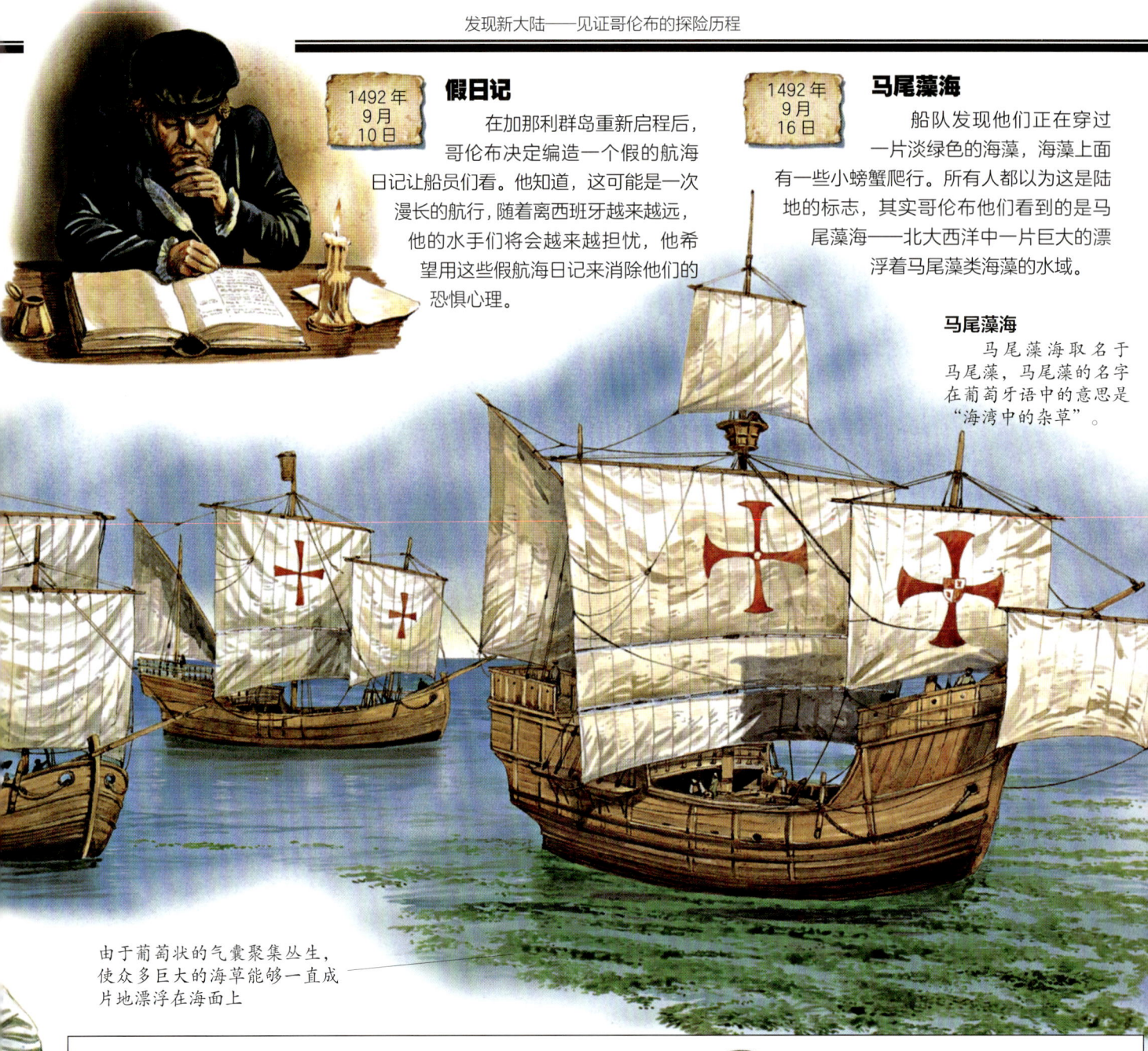

船队发现他们正在穿过一片淡绿色的海藻，海藻上面有一些小螃蟹爬行。所有人都以为这是陆地的标志，其实哥伦布他们看到的是马尾藻海——北大西洋中一片巨大的漂浮着马尾藻类海藻的水域。

马尾藻海

马尾藻海取名于马尾藻，马尾藻的名字在葡萄牙语中的意思是"海湾中的杂草"。

由于葡萄状的气囊聚集丛生，使众多巨大的海草能够一直成片地漂浮在海面上

船位推算法

哥伦布更多的是依靠船位推算法而不是根据太阳和星星的位置导航。船位推算法的意思是，根据计算每天航行的距离和方向计算出船只所在的位置。每天早晨，哥伦布在海图上标出他估计的船只所在位置。

速度

哥伦布——一个经验丰富的航海家，他可以说出他的船队在水中的航速有多快。为了检验他的估计，他要站在船边察看海面上的泡沫或漂过去的木片。

沙漏

为了计算航行距离，哥伦布需要知道船队在一定时间内的航行速度。时间是用沙漏记录的，每半小时，船上就会有一个小孩把它翻转一次。

沙子从沙漏的顶部流到底部需要半小时

磁性指南针可以向舵手指示方向

转向板

转向板

每隔半小时，舵手就会在转向板上插上一个销子，以便记录他在此期间控制的方向。在板的底部，还有一个销子来记录航行的距离，距离数是哥伦布在甲板上喊出来的。

航 程

当哥伦布的船队朝着加那利群岛启程以后，风鼓起"圣玛丽亚"号和"平塔"号上的方形帆，推动着它们驶向前方。装有三角帆的"尼娜"号却麻烦不断。一旦风向发生改变，它就不得不随之"转向"，也就是说它的船员不得不把船帆从桅杆的一侧移到另一侧。随后，经过4天的海上航行以后，"平塔"号的船舵从固定装置上脱落了下来。后来船舵虽然临时修好了，但很快它又掉了下来。哥伦布不得不在加那利群岛停留几天，等待把船舵彻底修好，于是，他决定在这几天内把"尼娜"号的大三角帆换成其他两艘船那样的方形帆。

航海日记

航海日记是记述船队进程的。在这份假航海日记里，哥伦布记下的航行距离要远远小于实际的航行距离。他不希望船员们知道已驶入的这个没有海图标明的海域有多远。

1492年8月9日

整修"尼娜"号

装着大三角帆而不易操纵的"尼娜"号有三根桅杆，这些桅杆都偏向船的后方。这是为了使船的前面为巨大的三角主帆腾出更多的空间。在换上新的较小的方形帆以后，更重要的是要使桅杆在甲板上均匀排列，所以，他们把中央桅杆移到了前面。

修理桅杆

人们把"尼娜"号的桅杆细心地在新的更靠前的位置上立起来。

新的固定装置

布莱克·史密斯为"平塔"号的船舵打造了新的铁制固定装置。

船队起航

1492年8月3日黎明，哥伦布的小船队从帕罗斯港起航了。船队向西南方向的加那利群岛驶去，在那里，他们可以补充更多的给养。哥伦布相信，日本在加那利的正西方，他以为如果运气好，风向有利，不出几天将到达日本。

船帆上画有红色的十字。船员们希望这些基督教符号会使他们受到上帝的保佑

"平塔"号由马丁·阿隆索·平松指挥

船上飘着饰有皇家军队标志的旗子

哥伦布乘坐的旗舰"圣玛丽亚"号

> 我决定详细记录下这次远航中每天做了什么，看到了什么，得到了哪些经验……总之，我不能在意睡眠，但却必须认真地注视着我的路线。所有这些都不是很轻松的任务。
>
> ——哥伦布的航海日记
> （1492年）

19世纪油画《哥伦布的船队》

小船"尼娜"号，由维森特·亚涅斯·平松任船长，扬起大三角帆起航了

发现新大陆——见证哥伦布的探险历程

完美的路线

北大西洋上的主风向以顺时针的方向吹着，形成了一个巨大的圆圈。从加那利群岛向西航行，哥伦布便可以一直顺着海风航行。如果哥伦布从西班牙起航向西的话，他将不得不与大风搏斗。或许是运气好，或许是因为他懂得海上的主风向，总之哥伦布选择了一条完美的路线。

> 他跪在地上，眼里含着泪水，满怀喜悦，亲吻着大地，感谢着使他们到达陆地的广大无边的主的仁慈。然后，将军（指哥伦布）站了起来，把这个岛命名为圣萨尔瓦多。
>
> ——《将军的一生》
> 斐迪南·哥伦布著
> （1530年）

终于登陆

1492年10月12日，星期五，这一天深夜两点多，"平塔"号上的一个瞭望员在月光下发现了一些颜色苍白的峭壁——终于看到陆地了！马丁·阿隆索·平松用加农炮放了一炮，给另外两艘船报告这一好消息。哥伦布决定等到黎明以后再上岸。天明以后，他弄清楚已经来到了一个海岛，哥伦布划小船到岸边，由一个武装团队陪伴着上了岸。

上岸

1492年10月12日

当这些带着武器的人举着皇家的旗帜上岸以后，哥伦布宣布这个岛起名为圣萨尔瓦多，现在属于西班牙国王和王后。在海滩边上望着他们的是一群惊愕好奇的岛民。

哥伦布哭了，带着喜悦和轻松，因为他确信已经到了"印度"

DK 儿童探索百科丛书

海上生活

人们每工作 4 小时之后再休息 4 小时。每艘船上的船员一半休息，另一半驾驶船只。这是一场大规模的不同寻常的航海，船队顺利与否，全凭着风向如何来决定。水手们面对的最糟糕的问题是厌倦和无聊。

空闲时间

在空闲的时候，水手们睡觉、捕鱼以及从事娱乐活动。他们用骰子赌博，相互之间讲故事、唱歌，也会为此次航海的距离打赌。他们很少洗澡，但是有时会从船上跳下去在海里游泳。

信仰上帝

水手们知道，他们的生命离不开好天气。他们中大多数极为虔诚，总是向上帝和圣徒们祷告，祈求航程的安全。每天早晨，他们都要唱圣歌《又圣母经》，赞美圣洁的圣母马利亚。

加热食物

每天水手们可以吃一顿热乎饭，如焖饭，这是在火炉上用木头火烹调的。不过，在气候恶劣或潮湿的天气里，火有可能熄灭，所以很多时候水手们不得不吃冷食。

假警报

1492年9月25日

在"平塔"号上，马丁·阿隆索·平松喊道，他看见了西南方的陆地，哥伦布跪下来向主（耶稣基督）表示感谢，船员们也都唱起了圣歌，可是第二天，那片陆地变成了一片云。

哥伦布告诉船员们说，他们的目标就要实现了，现在返回去是十分愚蠢的

"尼娜"号上的瞭望员也错误地认为那是陆地

跟随候鸟

1492年10月7日

船员们看到一大群候鸟向西南方向飞去，哥伦布猜测这些鸟一定是在飞向陆地，于是，他下令改变航向跟在鸟的后面。

几乎哗变

1492年10月10日

由于几周过去以后，一直没有看到陆地的影子，水手们的焦虑与不安日益增长。10月10日这一天，"圣玛丽亚"号上的船员终于焦躁到了极点，他们围在哥伦布身边，要求他放弃这场愚蠢的旅行，放他们回家。哥伦布想方设法使他们平静下来，但拒绝了他们的要求。

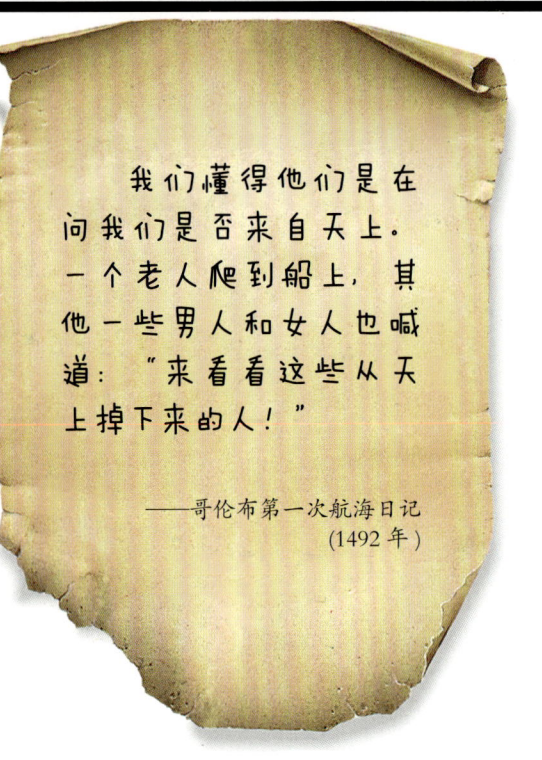

天外来客

> 我们懂得他们是在问我们是否来自天上。一个老人爬到船上，其他一些男人和女人也喊道："来看看这些从天上掉下来的人！"
>
> ——哥伦布第一次航海日记（1492年）

我们现在知道，哥伦布所到的海岛是巴哈马群岛，是泰诺人（加勒比地区的原住民）的家园。泰诺人惊奇地看着这些奇怪的、长着胡子并且用衣服包裹着身体的人。他们认为，这些人是从天上来的。很快他们就摆脱了恐惧，泰诺人渴望着向这些陌生人表示友好。哥伦布却想让这些"印第安人"成为杰出的仆人。

在村子里

哥伦布从一个海岛来到另一个海岛，访问泰诺人的村子。一些村庄很像是城镇，它们有1 000多座棚屋和5 000多个居民。

哥伦布知道，在回到西班牙以后，这些泰诺人可以给国王斐迪南二世和王后伊莎贝拉一世留下深刻的印象。

有两个俘虏逃掉了，其余几个人从此以后将再也回不到他们的家园。

泰诺人用棉花织成遮羞布和吊床

泰诺人精于制陶工艺

泰诺人把玉米磨碎做粥

抓获向导

尽管哥伦布很高兴他们终于到了陆地，但是，他很清楚这里不是日本——哪里有金屋顶的建筑？为了找到日本，他需要向导，所以他抓住了7个泰诺人，把他们带回船上。

新的食物

对于哥伦布来说，岛上的一切都是新奇的。哥伦布和他的船员是第一批享受这里的新鲜食物的欧洲人，如玉米。他们回避其他一些泰诺人的食物，如蜥蜴、蜘蛛和蠕虫等。

木薯根
泰诺人通过磨碎和浸泡的方法使有毒的木薯根变为食物。晒干的木薯根用来烤成面包。

菠萝
这是西班牙人品尝以后就喜欢上的为数极少的泰诺人的食物。

玉米
玉米被烤熟以后可以全部吃掉，也可以用它的碴子做成粥。

红辣椒
红辣椒使哥伦布想起了他想要在"印度"找到的调料。

泰诺文化

泰诺人崇拜一个伟大的神灵，这个神灵生活在天上，他们认为哥伦布就是从那里来的。他们相信，在地球上，他们被其他神灵包围着，这些神灵叫泽米斯。其中一些是自然物，其他的是祖先的鬼魂。

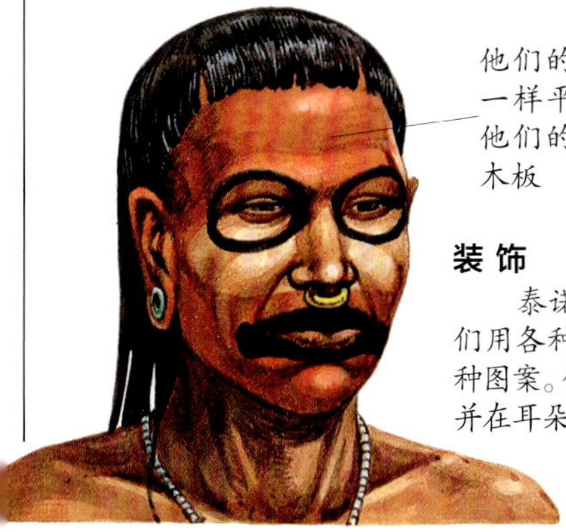

他们的前额被弄得像婴儿一样平，从很小的时候起他们的额头上就绑着一块木板

装饰
泰诺人不穿衣服，但他们用各种颜色在身上画出各种图案。他们在鼻子上穿孔，并在耳朵上戴上金饰或宝石。

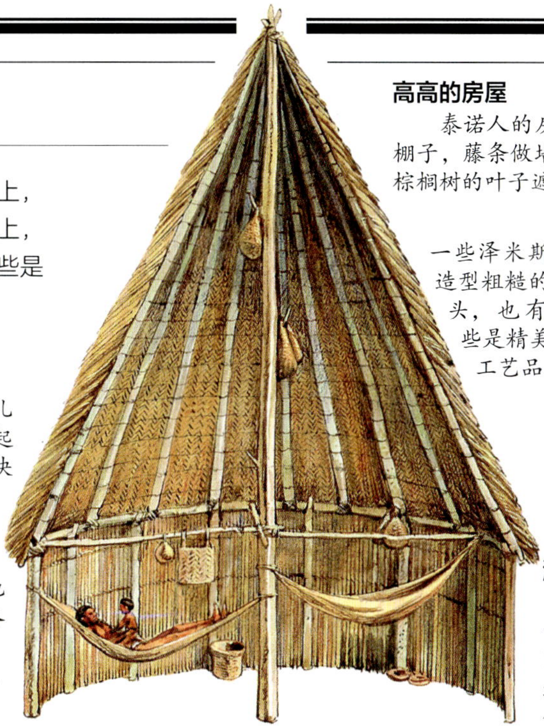

高高的房屋
泰诺人的房屋是用木桩搭起来的棚子，藤条做墙壁，高高的屋顶是用棕榈树的叶子遮盖的。

一些泽米斯是造型粗糙的石头，也有一些是精美的工艺品

泽米斯
泰诺人在他们居住的棚子里保存着雕刻或陶制的泽米斯像，这样，这些神灵就可以保护他们的房子。

泰诺人没有硬金属，所以他们用鱼骨制成箭头和矛尖

去日本怎么走
泰诺人从来没听说过日本或中国。

西班牙人受到了热烈的欢迎。他们把羊毛织成的帽子和玻璃球送给泰诺人佩戴

这些铜铃本是绑在猎鹰腿上的

黄铜换黄金
哥伦布带来的最普通的商品是铜铃。泰诺人很想用他们的黄金鼻饰交换这些铜铃，用这些铜铃作为耳饰。哥伦布失望地发现，泰诺人只有很少一点儿黄金，他们的鼻饰也都是薄片。

每只独木舟是用树桩掏空后做成的

他们一定是"印度"人
哥伦布确信他已经来到了"印度"，他认为岛上的居民就是"印度"人。至少他可以看出，他们不是欧洲人或非洲人，如他所知，他们长得很像亚洲人。哥伦布当时的错误认识导致的结果是，直到今天美洲原住民仍然还被称为"印第安人"。

不叫的狗
泰诺人养狗，他们把狗养肥后吃掉。西班牙人惊讶地发现，泰诺人的狗从来不叫。

泰诺独木舟
哥伦布在海岛间穿行，为每一个岛都起了一个新的西班牙名字，宣称它们属于西班牙。当他到来的消息传出去以后，许多泰诺人乘着独木舟来观看这些"天上来的人"。他们带来颜色艳丽的鹦鹉、棉花团、弓箭以及其他货物来跟哥伦布交换。

在海地岛遭遇海难

哥伦布的向导告诉他，向南有一个很大的海岛，他们叫它古巴。哥伦布想到，这可能就是日本，他到了古巴，可是发现那里也没有黄金宫殿。友好的古巴泰诺人说，东面还有一个岛，叫海地岛，那里盛产黄金。1492年12月6日，哥伦布到了海地岛。他被海地岛的美丽迷住了，更让他感到宽慰的是，当地泰诺人看起来有许多黄金饰物。他为这座岛起了一个新的名字——伊斯帕尼奥拉，意思是西班牙的岛。

哥伦布被激怒了

1492年11月21日，就在船队沿着古巴海岸向南行驶时，"平塔"号突然向东驶去。马丁·阿隆索·平松不愿意再服从哥伦布的指挥，决定拉上弟弟去探险。哥伦布为他们逃离船队感到愤怒，便驾驶着最快的一艘船去追他们。

搁 浅

1492年圣诞节前夕（12月24日），"圣玛丽亚"号在海地岛海岸附近触礁搁浅。无论怎么努力都没能使它再漂浮起来。当时，船体出现了许多小洞，船舱里也开始进水，哥伦布下令放弃这艘船。

吊 床

在当地的房子里，泰诺人睡在吊在柱子之间长长的棉织网上，这些悬挂起来的床被称为"哈马卡"。这个方法后来被欧洲海员用于船上，他们叫它吊床。

从船上拆下来的任何东西都可能是有用的

烟草叶卷的烟

西班牙人惊奇地看到，古巴的泰诺人在抽一种烟草叶卷的烟。泰诺人也用木管吸烟，这种木管被称为"特巴卡"，在吸烟时他们把它塞在鼻子里。

烟草叶卷的烟

乐于助人的印第安人

哥伦布写道，泰诺人在他们遭遇不幸的时候哭了，尽了一切努力帮助他。

抢救任务

第二天，船员们回到他们的船上，尽可能地抢救船上的东西。他们把船上的储藏物和商品卸到了"圣玛丽亚"号和"尼娜"号的划艇上。

> 将军似乎忘记了失去船只的伤痛，因为他相信，是上帝让它沉下去的，所以，他要建造一个定居点。
>
> ——《将军的一生》
> 斐迪南·哥伦布著
> （1530年）

穿行在群岛里

哥伦布考察了古巴的北海岸，他相信这是亚洲大陆的一部分。然后，他渡海到了海地岛（伊斯帕尼奥拉）。马丁·阿隆索·平松最先到了那里，甚至用他自己的名字为一条小河起了名字——马丁·阿隆索河。

平松兄弟的离去和"圣玛丽亚"号的沉没，使得哥伦布只剩下"尼娜"号一艘船。所以，哥伦布不能再冒险远航

城堡是用从搁浅的"圣玛丽亚"号上拆下来的木头建造的

一道木围栏保护着这些人的家

"圣玛丽亚"号没有沉，仍然停在礁石上

许多泰诺人划着他们的独木舟来帮助船员们卸下船上的给养

当火炮射穿了搁浅的"圣玛丽亚"号时，泰诺人都吓呆了

修建定居点

"尼娜"号太小了，不能把所有的人都带回西班牙，所以有39个人志愿留下来。为了使他们有地方居住，哥伦布建了一个城堡——欧洲人在美洲的第一个定居点。它叫纳维达得（圣诞节），因为它是在1492年圣诞节那天开始建的。哥伦布允诺说，他将在几个月后带着给养回来。这些人很高兴留下来，他们相信海地岛的金子将使他们富起来。

该回家了

看着沉没的旗舰"圣玛丽亚"号，哥伦布知道是到了回西班牙的时候了。他需要把他发现了新领土的消息告诉国王斐迪南二世和王后伊莎贝拉一世，同时他也不希望马丁·阿隆索·平松抢在他前面回去领了他的功劳。

显示实力

泰诺人告诉哥伦布，有一个残忍的人叫卡里布斯，他经常袭击他们的海岛，他捕获俘虏以后，将他们杀死，然后吃掉。哥伦布说，他们现在什么也不用怕，因为住在纳维达得的西班牙人将会保护他们。为了使泰诺人印象深刻，他在告别宴会上放了一炮。"尼娜"号于1493年1月1日向着西班牙返航。

> 这位信奉基督教的国王，他的身边站满大臣，他坐在一只金制华盖下的富丽堂皇的王座上等着将军。当将军走上前亲吻他的手时，他站起来向将军致意，就像他是伟大的主一样，并让将军坐在自己的身旁。
>
> ——《将军的一生》
> 斐迪南·哥伦布著
> （1530年）

凯 旋

在成功横渡大西洋之后，哥伦布于1493年3月15日回到了西班牙的帕罗斯港。然后，他从陆路赶到巴塞罗那，在那里，国王斐迪南二世和王后伊莎贝拉一世为他举行了盛大的皇家欢迎仪式。相比起来，马丁·阿隆索·平松很不幸，他的归来大不相同。他乘着"平塔"号，比哥伦布先回到了西班牙，可是国王和王后拒绝在没有哥伦布的情况下接见他。马丁·阿隆索·平松回到了帕罗斯的家里，据说他后来郁郁而终。

皇室的迎接仪式

国王和王后在他们的宫殿大厅里迎接哥伦布。为了加深大家的印象，哥伦布带着他抓来的泰诺人和色彩鲜艳的鹦鹉入宫。他解释道，他想要回到海地岛，在那里建立一个西班牙的殖民地。

颜色鲜艳的鹦鹉，是哥伦布已经到了"印度"的证据

木桶中的信

在返回的途中，大海经常是恶浪滔天，咆哮无常，哥伦布想，"尼娜"号可能会沉没。他担心如果他死了的话，"平塔"号上的马丁·阿隆索·平松将夺走本该属于他的荣耀，留在海地岛上的那些人将会被忘记。所以，他写了一份有关这次航海的报告，把它放在一个木桶里，从船上把木桶扔到了海里。

英雄受到的欢迎

在哥伦布到达之前，大发现的消息就传到了巴塞罗那。哥伦布到达时，已经是1493年4月，顿时引起了轰动。当他骑着马走过大街时，所有的人都走出家门看看这个发现了去往"印度"的海路的人。哥伦布一下成了英雄。

哥伦布的雕像至今矗立在紧临巴塞罗那港口的地方，人们借此纪念他的大发现

这些泰诺人说着"万福马利亚"，这是一句赞美圣母马利亚的祷词，哥伦布提前教会了他们

对于这些泰诺人来说，皇宫的景象令他们惊异

哥伦布展示着黄金、辣椒以及其他纪念品

发现新大陆——见证哥伦布的探险历程

海军大将

斐迪南二世和伊莎贝拉一世奖励给哥伦布许多钱财和荣誉。如他们承诺的那样,哥伦布被册封为贵族、海军大将和他所发现的那些海岛的总督。哥伦布有权代表他们的利益统治海地岛,那里的财富也有他的一份。

臂章

哥伦布被允许戴他自己的臂章。上面有皇家狮子的图案、西班牙的城堡和他所发现的群岛,臂章里还包括五个金锚,这代表他新获得的海军大将的官阶。

哥伦布写的"背负基督的人"

回到西班牙以后,哥伦布开始用一些奇怪的字母组合签署文件。最上面三行至今仍然没有人能懂,最后一行是用希腊文和拉丁文写的"背负基督的人"。

描述伊斯帕尼奥拉

哥伦布描述着海地岛(伊斯帕尼奥拉)的美丽。他向国王和王后展示了他收集到的泰诺人的黄金,说这只是那个岛屿巨大财富的极其微小的部分。

新的航海获得批准

斐迪南二世马上同意了哥伦布带一支庞大的船队回到海地岛的计划。

伊莎贝拉一世看到这些友善的泰诺人特别感动

印第安人的洗礼

巴塞罗那教堂里的这块匾(上图),是为了纪念被俘的泰诺人的洗礼而立的。国王和王后成为他们的教父,给他们起了新的西班牙基督教名字。伊莎贝拉一世很高兴看到他们成为基督徒。

接受宫廷询问

国王、王后和皇室的成员们对哥伦布长达8个月的旅程提出了各种各样的问题。

教皇的支持

哥伦布宣布今天的加勒比海群岛属于西班牙。为了获得法律上的所有权,斐迪南二世和伊莎贝拉一世需要得到教皇亚历山大六世的支持。教皇也乐于给予他们支持。尽管泰诺人对此毫不知情,可是他们已经成为西班牙人的"臣民"。

> 伊斯帕尼奥拉是一块美丽、肥沃和各种各样的平原和草场。那里的山、高地、丘陵合适大多数种植物，也适合饲养家畜。那里也是建设城市和乡村的最佳位置……那里有许多河流，大多数河流都产出黄金。
>
> ——哥伦布第一次航行时写的一封信
> （1493年2月15日）

西班牙定居点

1493年9月，恰好是哥伦布返回西班牙6个月以后，哥伦布出发驶往海地岛。现在，他已经拥有了由17艘船组成的豪华舰队，船上载着1 200多人，还有马匹、牛、猪、种子以及在那儿建立西班牙定居点所需要的一切。这时，哥伦布已经不再为寻找水手而发愁了。几千个西班牙志愿者，渴望分享海地岛的财富。他们中间有绅士、牧师、土兵、手工艺人和协力劳动者。

纳维达得 这个木棚显示的是哥伦布1493年第一次航海时捷造的纳维达得城堡。哥伦布希望在城堡周围捷立新的定居点。

艺术家无法知道哥伦布口中的纳维达得这和伊斯帕尼奥拉这究竟是什么样子，所以这幅画采用风光和城堡是典型的欧洲画风。

重返海地岛

1494年1月27日，哥伦布回到了纳维达得，在第一次航海结束时，他曾在这里留下了39个人。他期待着与他们重新团聚，他以为他们现在已经采集到了不少黄金。遗憾的是，哥伦布十分震惊地得知他们都死了，他们的城堡也被毁了。当地的泰诺人说这不是他们干的，可是哥伦布不再相信他们。他向西驶去，以便找到新的定居点。

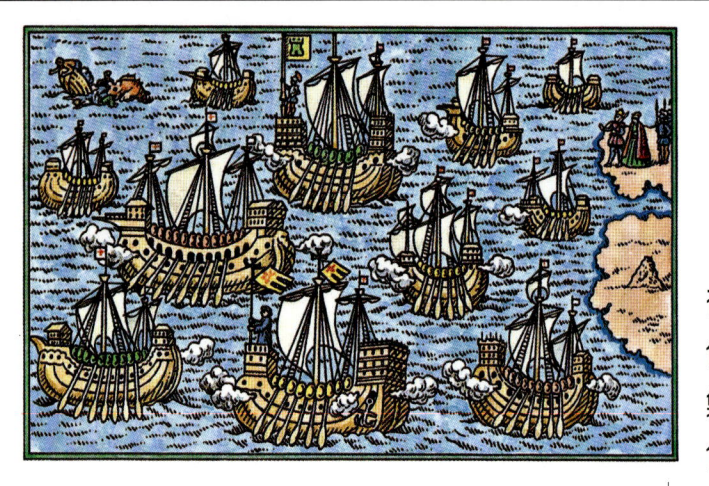

豪华船队

这幅画表现的是哥伦布的船队从西班牙出发，与斐迪南二世和伊莎贝拉一世告别的情形。在他第一次航海时，泰诺人已经为他的3艘船所震惊，可以想象，当他们看到这17艘船时会是什么感觉！

纳维达得的灭亡

泰诺人告诉哥伦布，纳维达得的人内部争吵了起来，自己分裂成为互相敌对的几个帮派，一些人被自己人杀死了，还有一些人死于疾病，大多数人是在一个名叫卡奥纳博的强大的酋长攻击他们的城堡时战死的。城堡也被夷为平地了。

有些重要的建筑是用石头建造的，但西班牙人大多居住在小茅草屋里

卡奥纳博在夜间发动了突然袭击

食人岛

在去往海地岛的途中，哥伦布到达了今天的加勒比群岛一带，他为这里起了一个名字叫"加勒比"，是拉丁语"食人的"这个词的谐音。那里的人是否真的吃人肉，历史学家还有争论。哥伦布对此的回答是肯定的：在当地人的房子里，他看到煮在锅里的人体四肢，也看到了正在被养肥的泰诺人俘虏。

第二次航程

在殖民者适应了海地岛的生活以后，哥伦布于1494年乘着可以信赖的"尼娜"号开始了新的探险。他沿着古巴的南海岸航行，他仍然认为那就是亚洲大陆，于是他到了今天的牙买加。可是他还是没看到亚洲富饶的景象。到了9月，他患上了重病。他忍受着发烧和短暂的失明，扫兴地回到了海地岛。

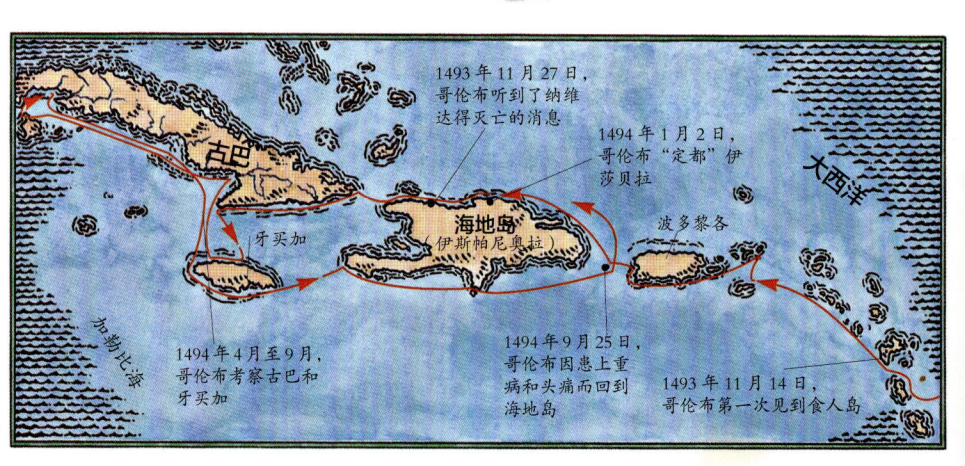

1493年11月27日，哥伦布听到了纳维达得灭亡的消息

1494年1月2日，哥伦布"定都"伊莎贝拉

古巴

牙买加

海地岛 伊斯帕尼奥拉

波多黎各

大西洋

加勒比海

1494年4月至9月，哥伦布考察古巴和牙买加

1494年9月25日，哥伦布因患上重病和头痛而回到海地岛

1493年11月14日，哥伦布第一次见到食人岛

疾病传播

西班牙人和当地的泰诺人都把新的疾病传染给了对方,大多疾病对对方来说都是致命的。许多西班牙人染上了热带黄热病和梅毒,而许多泰诺人则死于天花和麻疹。

天花病毒

天花病毒作为哥伦布船上的一个看不见的可怕乘客被欧洲人带到了海地岛。在欧洲,它害死了许多儿童,成年人对它有免疫能力;对于泰诺人的大人小孩来说,它都是致命的。

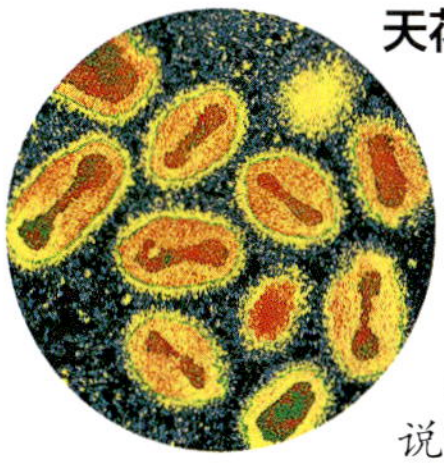

蚊子

在到了海地岛一周以后,400多个西班牙人患上了不知名的疾病,可能是由于蚊虫叮咬引起的。在伊莎贝拉也有许多蚊子,所以哥伦布被人们戏称为"蚊子大将"。

蚊子在吸人血时会传播黄热病

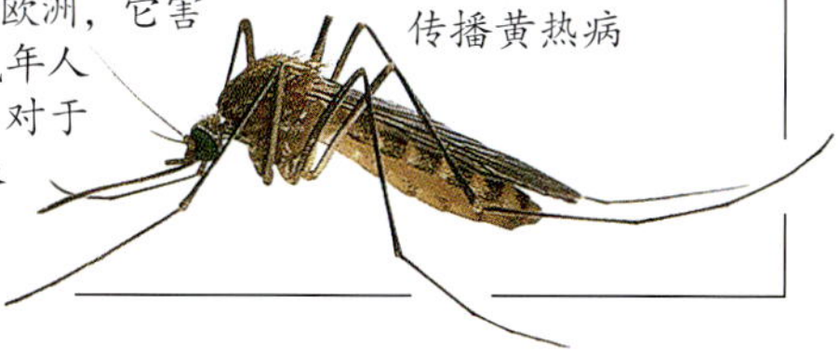

火烈鸟

在考察古巴附近的一个小岛时,哥伦布遇到了一群水禽,它们艳丽的羽毛令人惊叹。在远处看去,它们很像粉红色的羊群。这种鸟就是火烈鸟,它是根据西班牙语"燃烧"一词命名的。

伊莎贝拉

哥伦布称他的新首都为伊莎贝拉,以显示王后的恩宠。他之所以选择这个位置,是因为他误以为在那附近有金矿。这是一个不卫生的蚊虫传染地区。到了1500年,伊莎贝拉被放弃了。

第一座教堂

伊莎贝拉的教堂是美洲的第一座欧洲建筑。教堂的钟声使海地岛的泰诺人着迷。

泰诺人酋长

海地岛是由几个王国组成的,每个王国都有一个大王或酋长,称为卡西卡。也有一些较小的首长,他们统治着一个村落。首长有着极大的权力,他们出行时都是被人抬着的。为了统治海地岛,哥伦布需要在战争中征服或打败这些首长。

泰诺人向导领着西班牙士兵考察内陆

哥伦布在伊莎贝拉四周设计了一个公共广场,就像一个典型的西班牙城镇

进入内地

哥伦布急于发现黄金送给斐迪南二世和伊莎贝拉一世,以便证明建立殖民地的开支是值得的。1494年1月,他派出一队武装的西班牙人去内陆寻找金矿。率领他们的是粗野好战的士兵阿伦索·迪·霍杰达。

知识宝库

● 到了1494年,海地岛上的西班牙人有三分之二已经死去。

● 在1492年以前,那里有1亿多美洲原住民。到了1600年,欧洲人带去的疾病加上屠杀,美洲原住民已经减少了9 000多万——这是最大的历史灾难。

● 一个西班牙人写道:"印第安人轻易就会丧命,一个西班牙人的眼色和手势就可以送他们去见阎王。"

● 梅毒在欧洲早已存在,但危害不大;被西班牙人带回的美洲变种梅毒,却很致命。这种疾病在欧洲第一次大规模爆发是在1494年的意大利。

海地岛上的恐慌

1494年9月，回到海地岛上以后，哥伦布病了5个多月。殖民地是由他的弟弟迭戈和巴尔托洛梅奥统治的，他们也渡过大海来分享他们哥哥的运气。作为外国人，他们三兄弟在西班牙人中并不受欢迎。西班牙殖民者认为哥伦布有关海地岛的财富是个大谎话。当哥伦布躺在病床上以后，一些对他不满的西班牙人团伙开始在岛上四处游荡，他们以劫掠泰诺人的财物为生。于是，泰诺人开始反击了。

知识宝库

- 在1494至1496年间，海地岛上的泰诺人有三分之一死去了。
- 除被西班牙人杀掉的以外，成千上万的泰诺人死于疾病、饥饿和过度劳累。由于无法忍受西班牙人的统治，有一些人吃了有毒的木薯自杀。
- 1492年，在海地岛上约有30万泰诺人，到了1548年只剩下不到500人。
- 1510年，西班牙殖民者开始向海地岛运送非洲奴隶，以替代减少了的泰诺人。

决定性战斗

康复以后，哥伦布得知大多数强大的泰诺人酋长已经联合在一起，组成了一支数千人的军队。在1495年3月，他派兵去讨伐他们。他虽然只有200个西班牙士兵，可是他们拥有更先进的武器，足以毁灭泰诺人。

霹雳棍
战斗始于火枪手点燃他们手中的引火绳而发出的吼叫。在泰诺人看来，火枪是能够发出雷声和火焰的魔棍。

泰诺人被骑着马的全副武装的西班牙士兵吓呆了，他们以前从来没有看见过马。

恐怖统治
泰诺人在他们的村子里设伏袭击那些离群的西班牙人，以反抗西班牙人的暴行。哥伦布派他的部下进行了一场反对泰诺人的讨伐行动。数以百计的泰诺人被杀或被抓到伊莎贝拉当奴隶。

奴隶贩运
在1495年，哥伦布向西班牙送回了500名泰诺人奴隶。他希望这些奴隶能够弥补他没有实现运送黄金诺言的过失。可是国王与王后并不喜欢哥伦布的礼物——他们派哥伦布到那里去，是要使这些泰诺人皈依基督教，而不是奴役他们。

噩运
被哥伦布捕捉送到西班牙的500个泰诺人，有200多个死于途中，其他人也很快死掉了。

武器与防护装置

装备着短剑和火枪的西班牙士兵，看起来没有任何理由惧怕装备落后的泰诺人。

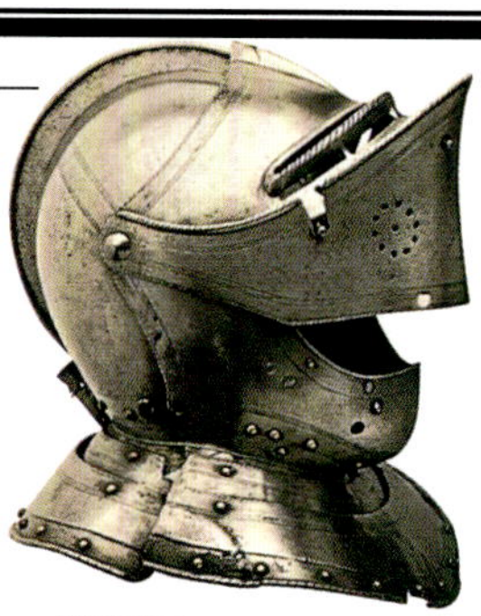

骑兵头盔
与此相像的头盔使西班牙士兵看起来像是从另一个世界来的妖怪。

护胸甲
泰诺人的箭和矛，在西班牙人铁制的护胸甲面前毫无用处。

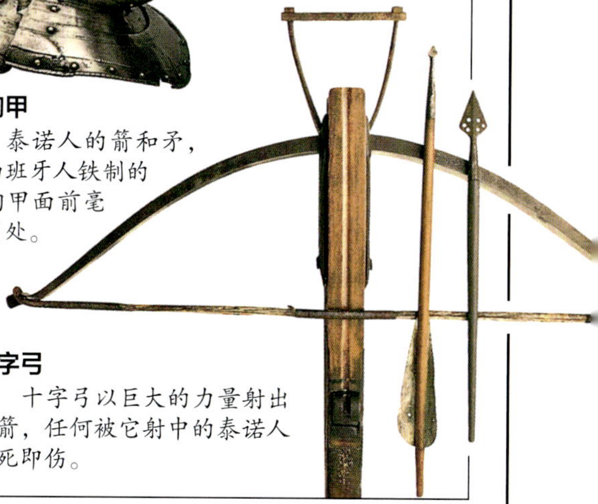

火枪
火枪用引火绳或火柴点燃引芯，然后由引芯燃爆枪内的火药。

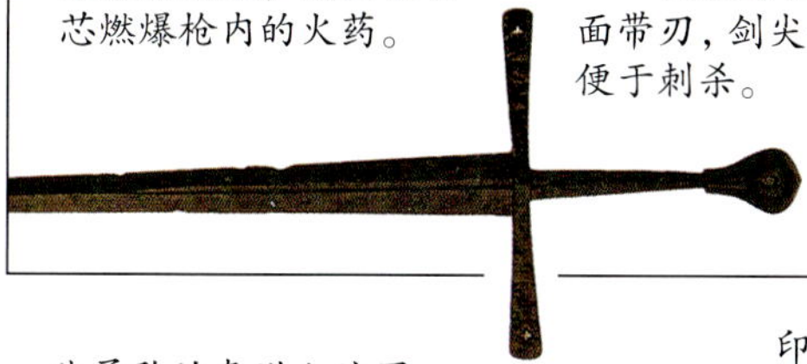

短剑
西班牙短剑双面带刃，剑尖锋利，便于刺杀。

十字弓
十字弓以巨大的力量射出利箭，任何被它射中的泰诺人非死即伤。

一些勇敢的泰诺人试图反击，可是，他们用鱼骨做成的矛尖几乎无法伤及西班牙人

印第安人给西班牙人带来黄金贡赋

战争中的狗
在对印第安人的战斗中，一条西班牙狗可以抵上10个人。

武器原始的泰诺人无法抵挡恐怖的西班牙武器

黄金贡物
被征服了的泰诺人被迫把黄金交给他们的新统治者。每3个月，每个成年的泰诺人必须交出一鹰铃金沙。不幸的是，海地岛所拥有的黄金要比这幅图所示的数量少得多。泰诺人永远无法找到更多的黄金使西班牙人高兴。

泰诺人四处逃窜

哥伦布返回西班牙
一些殖民者回到西班牙以后，向斐迪南二世和伊莎贝拉一世抱怨哥伦布统治海地岛的方式，因此，在1496年3月，哥伦布乘坐"尼娜"号返回西班牙为自己辩护。

征服海地岛
哥伦布继续征战全岛。曾经纵火烧毁纳维达得的卡奥纳博酋长被阿伦索·迪·霍杰达抓住了。霍杰达哄骗卡奥纳博，说手铐和脚镣是皇室手镯，结果卡纳奥博自己把自己锁住了。

在离开以前，哥伦布委任他的弟弟巴尔托洛梅奥为总督

> 我做了一次去往新的天地的航行，直到今日……由于那里依然不为人们所知，我的努力，这些地方被世人知谱了。
>
> ——哥伦布写给王后伊莎贝拉一世的朋友来安娜·迪·托里撒的一封信（1500年）

到达大陆

1498年，在第三次航海中，哥伦布发现了一条长长的海岸线，海岸线上有一条大河的出海口，河水使几千米范围内的海水变得气味清新。这样一条大河不可能是从一个小岛中流出来的。哥伦布知道，他已经来到一个大陆。这个大陆就是我们后来所知道的南美洲。

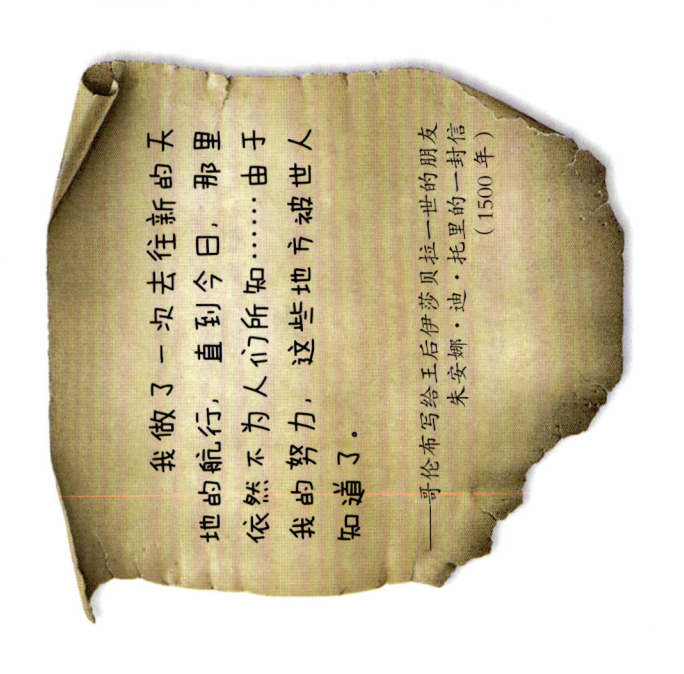

哥伦布的船队在大河上航行

16世纪时描述哥伦布第三次航海情形的木刻画

在距大陆不远的地方，哥伦布发现了一个很大的岛屿，他给它起了一个名字叫特立尼达，以纪念圣洁的三位一体（圣父、圣子和圣灵）的上帝

大陆上的印第安人眼就珍珠，这是他们乘独木舟来搭救到的

另一个世界

西班牙国王和王后为海地岛上发生的事情担忧，不过，他们仍然没有对哥伦布丧失信心。他们同意支付第三次航海的费用，这次航海开始于1498年5月。哥伦布惊讶于他发现的新大陆，他把这个大陆形容为"另一个世界"。在考察了它的一部分海岸以后，哥伦布回到了海地岛。这时，他才发现岛上正陷于混乱的局面——有一半左右的西班牙人已经开始反叛他的弟弟巴尔托洛梅奥。

> 我已经相信这是一片从前人们还不知道的广大的陆地。我被那条大河和异样的海水带到了这个奇异的地方。如果这是一片大陆的话，这将是一件了不起的事情。
>
> ——哥伦布第三次航海日记
> （1498年8月14-15日）

巨浪

在特立尼达海边，哥伦布的船只几乎被巨浪掀翻，这些巨浪可能是由于海底火山引起的。

猴子观众

1498年8月5日，哥伦布登上了大陆。为了合法地宣布此地属于西班牙，他需要一个当地人作为观众。他所发现的唯一的"本地人"就是喳喳乱叫的猴子，所以，他把仪式推迟到第二天找到一些友好的印第安人的时候。

第三次航海

哥伦布的大陆探险由于一场疾病而提前结束了。他回到海地岛，于1498年8月31日到了圣多明戈，这是海地岛的新首都，他的弟弟巴特罗姆选了这个地方，取代蚊虫传染、疾病肆虐的伊莎贝拉。

泰诺人必须辛勤地劳动，为他们的西班牙主人生产食物

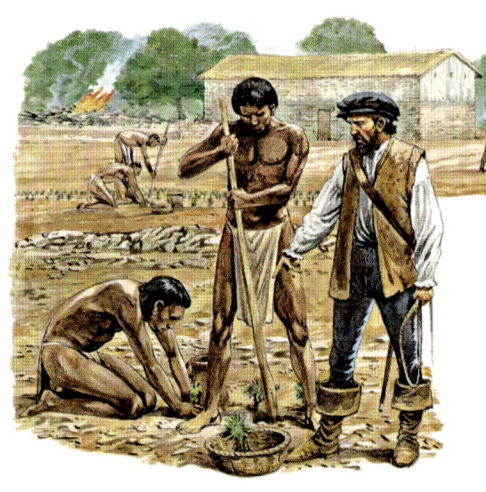

托管制度

为了使海地岛恢复秩序，哥伦布建立了一种新的制度。他分给每个西班牙人一大块土地，也把生活在那里的泰诺人一起分给他们作为劳动力。这种制度后来被称为"托管"，这是因为土地和印第安人都是被西班牙人控制保管的。

发现新大陆——见证哥伦布的探险历程

奇怪的想法

哥伦布发现，很难把他新发现的、一个从未为人所知、《圣经》里没有提到的一块大陆，融入他有关世界的观念中。对于地球的形状，他也形成了一些古怪的想法。

梨形的地球

哥伦布那时已经处在病中了。他自己认为天上的星星距地球比以往更近，所以他断定他正在向高处航行，与天空离得越来越近。这使得他得出结论说，地球是梨形的。

哥伦布认为，他正朝着梨形地球的茎部航行

发现了天堂

《圣经·创世纪》里描述的地球上的天堂，只是存在于《圣经》里，没有人能够知道它的所在。哥伦布相信，地球上的天堂就在这片新发现的大陆上。

这些西班牙人因为反对哥伦布兄弟而被绞死

博巴迪拉

斐迪南二世和伊莎贝拉一世收到了海地岛动乱的警报，便派弗兰西斯科·迪·博巴迪拉——一个西班牙贵族，去恢复秩序。1500年8月23日，他到了圣多明戈，迭戈·哥伦布掌握着那里的权力。博巴迪拉十分震惊地发现，迭戈·哥伦布刚刚绞死了7个西班牙反叛者，而且还要处死另外5个人。

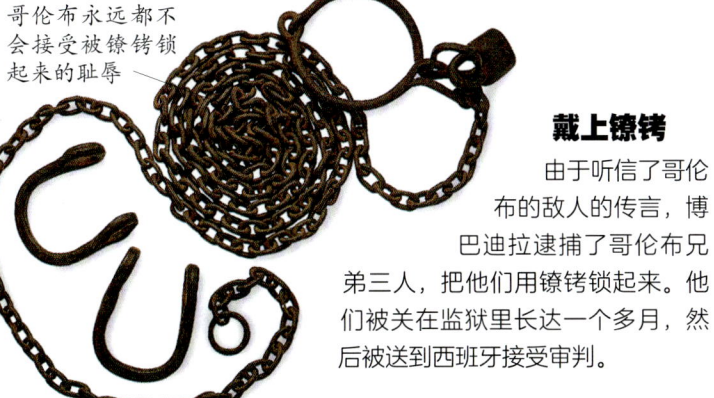

哥伦布永远都不会接受被镣铐锁起来的耻辱

戴上镣铐

由于听信了哥伦布的敌人的传言，博巴迪拉逮捕了哥伦布兄弟三人，把他们用镣铐锁起来。他们被关在监狱里长达一个多月，然后被送到西班牙接受审判。

蒙受耻辱

博巴迪拉指控哥伦布镇压西班牙殖民者，以及将国王和王后的黄金据为己有。然而，哥伦布从来没有想过这样做。与博巴迪拉的做法相反，斐迪南二世和伊莎贝拉一世立即宽恕了哥伦布。哥伦布永远也不会忘掉这段经历。

人们看到戴着镣铐的哥伦布回来十分震惊

知识宝库

● 送哥伦布回西班牙的船长觉得对不起哥伦布，提出为他去掉镣铐，哥伦布拒绝了，他说，在国王和王后下令打开以前，他将一直戴着它。

● 哥伦布戴了三个多月的镣铐。

● 他戴着镣铐想要向人们说明，他对斐迪南二世和伊莎贝拉一世鞠躬尽瘁换来了什么样的报答。

● 在以后的日子里，哥伦布一直把这副镣铐保存在卧室里，提醒他曾受到这样的待遇。他甚至要求与镣铐葬在一起。

35

穿过狂暴的加勒比海

> 人们从来没有看见过如此凶险的大海……从来没有看到天空是如此可怕……闪电是如此耀眼，我担心它将摧毁我的桅杆和船帆。雨在不停地下……人们恨不得立即死去，以便摆脱这种痛苦……
>
> ——哥伦布给斐迪南二世和伊莎贝拉一世的信（1503年7月7日）

斐迪南二世和伊莎贝拉一世在王宫里迎接了哥伦布，可是却拒绝恢复他的总督职位，很显然，这是因为他在统治海地岛时造成的混乱。一连几个月，哥伦布不停地抱怨他受到不公正的待遇。国王和王后忍无可忍之下，同意让他再进行一次探险。1502年，哥伦布带着4艘船穿过了加勒比海，寻找去往"印度"的海路。这场穿越狂暴汹涌的加勒比海的航行，凶险恐怖。

飓风

夏季，加勒比海要遭受猛烈大风的蹂躏，它们叫飓风。哥伦布在一年里飓风最猛烈的季节到了加勒比海。他的船队幸存了下来，可是一支由近20艘船组成的舰队，在从海地岛返回西班牙的途中却被摧毁了。在死去的500多个人中就有他的宿敌博巴迪拉。

"印度"鳄鱼

在大陆上，哥伦布看到了美洲短吻鳄，他猜这就是鳄鱼。哥伦布可能因此非常兴奋，因为他从书中知道"印度"是有鳄鱼的。

大陆上的玛雅人

船队遇上了一些印第安人，他们坐在船里，穿着五颜六色的"衣服"。他们就是中美洲的玛雅人。这是欧洲人在美洲大陆上遇到的第一个拥有灿烂文明的地方。

玛雅妇女的陶像

艰难的航程

狂风扯碎了船帆，锚、帆索和缆绳都不见了，船上的划艇和许多储藏物也都随风而去。

发现新大陆——见证哥伦布的探险历程

海上龙卷风

1502年12月13日，人们在看到一场海上龙卷风时被吓呆了——一根被海上旋风卷起的水柱顶天立地。为了保护船队，哥伦布捧起《圣经》，用短剑在空中划了一个十字，向上帝祈祷。最终，龙卷风从船的旁边刮过去了。

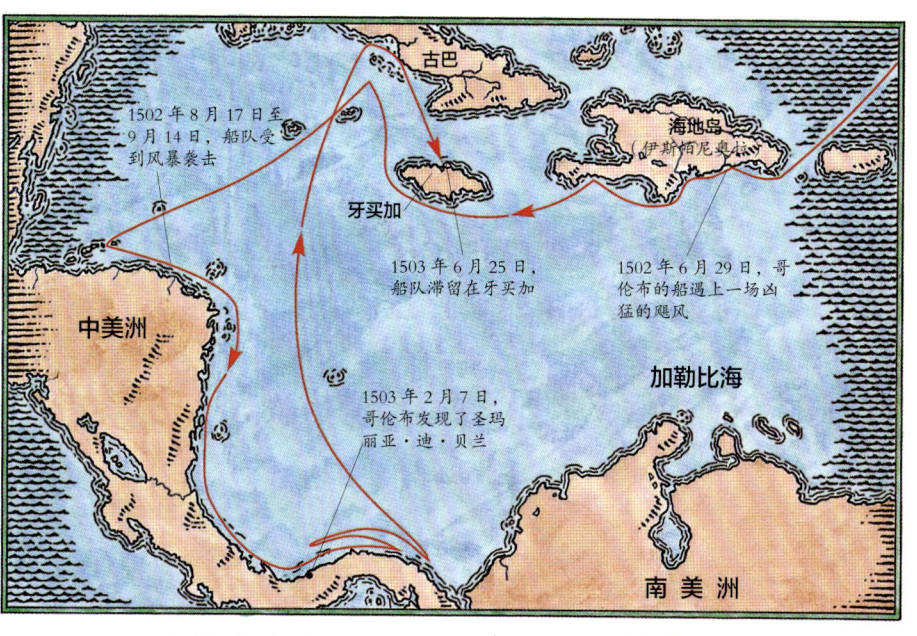

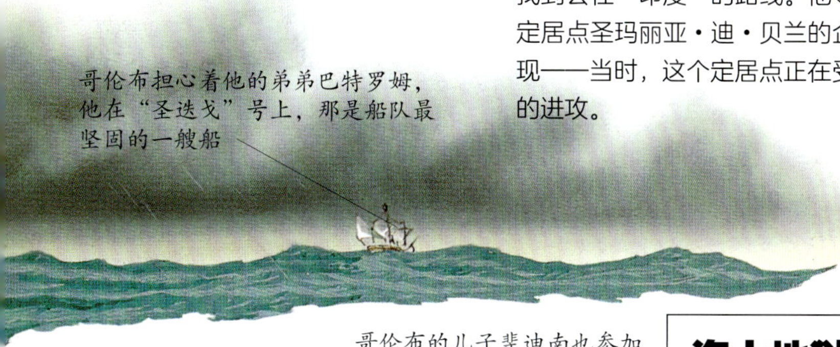

哥伦布担心着他的弟弟巴特罗姆，他在"圣迭戈"号上，那是船队最坚固的一艘船

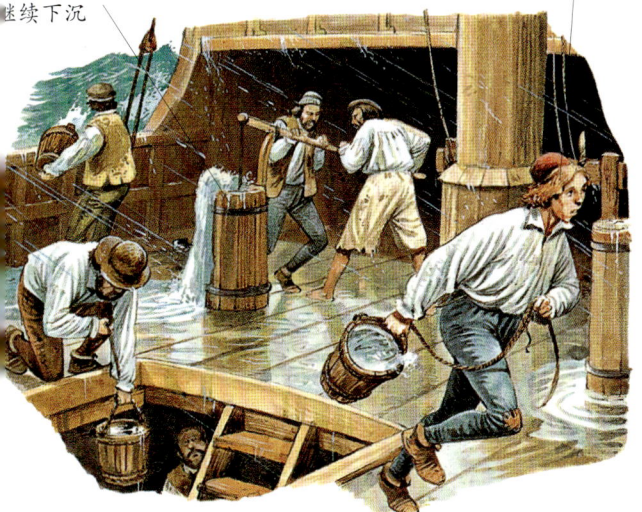

第四次航程

哥伦布沿中美洲海岸航行，可是却没有找到去往"印度"的路线。他寻找一个大陆定居点圣玛丽亚·迪·贝兰的企图也没有实现——当时，这个定居点正在受到印第安人的进攻。

每个人都能看到，尽管他们十分辛苦地工作，船却还是继续下沉

哥伦布的儿子斐迪南也参加了这次航海，他和其他人一样在辛勤劳动着

船蛆

加勒比海是一种以木头为食的软体动物的滋生地，这种动物叫船蛆。船蛆像幽灵一样紧紧贴住木船，吃掉船壳。很快船体就出现了漏洞并且被迅速地灌满了水。

所有的手都在排水

日复一日，船上进了更多的水——一部分来自持续的降雨，一部分来自拍打船边的海浪，还有一部分水是从船蛆蛀洞进来的。船员们不停地压着水泵抽水和向外舀水，可是这一切都无济于事。

海上地狱

经过几个月的海上航行，船队成了漂浮的地狱。人们时常浸在水里，忍饥挨饿，对抗晕船，还有许多人由于昆虫的叮咬而患上了热带黄热病。

跳蚤和虱子

船员变得如此虚弱，以至于不愿意费力去保持清洁，他们不断地遭到跳蚤和吸血虱叮咬。

苍蝇

船员们都患上了腹泻，这是由苍蝇引起的，它们以粪便和腐肉为食，然后把细菌传播到新鲜食物上。

潮湿的饼干

船上的饼干变得潮湿、松软，上面爬着船蛆。它们看起来令人恶心，以至于一些人要一直等到天黑以后才进食。

老鼠

在长途航行中，老鼠不仅令人讨厌，而且还是健康的一大威胁。它们在货舱里吞食食物，留下的则是污秽的粪便。

滞留牙买加

> 我与世隔绝……身患重病,每天我都盼着死去,四周是数以百万的残忍和敌对的野蛮人……如果你是仁慈、真诚和正义的,那么为我哭泣吧!
>
> ——哥伦布给斐迪南二世和伊莎贝拉一世的信(1503年7月7日)

哥伦布的两艘船被船蛆蛀蚀得严重漏水,以至于他不得不放弃它们。他带着剩下的两艘船"圣地亚哥"号和"拉卡比塔纳"号向北朝着海地岛驶去。从东方来的海风和洋流使他的船队偏离了航向,哥伦布发现他到了古巴附近。他试图向东驶向海地岛,可是由于逆风,船根本无法前进。两艘船吃水越来越深,情况极其危险。船员们拼命向外舀水,都已经累得精疲力尽了,哥伦布被迫在牙买加靠岸。在那里他们滞留了近一年的时间。

船 屋

1503年6月25日,两艘船靠在海滩上,被改造成了房屋。哥伦布最担心的是牙买加的泰诺人可能向他们发起攻击。为了避免惊动他们,他下令让船员待在船上,只让几个人到岛上去交换食物。一直这样待了几个月,船员们越来越感到沮丧。同时,在船长室里的哥伦布也病倒了。

人们在甲板上用棕榈树叶搭起了木棚

船帆被装在了独木舟上

出海求救

1503年6月17日,迭戈·蒙德兹——哥伦布的一个忠诚的伙伴,去往海地岛求救。他带着两只泰诺人的独木舟,独木舟上有7名船员和10名印第安人。

知识宝库

● 哥伦布带着143个人开始了第四次航海,其中有55个孩子。之所以有这么多孩子,可能是因为他们的工资比成年人低。

● 在这次航海中有40多人死亡。他们死于疾病、溺水、与印第安人的战事或自相残杀。

● 最终,只有25个幸存者回到了西班牙。其余的人都留在了海地岛。他们进行了足够多的航海。

● 迭戈·蒙德兹为他能够完成求救任务而非常自豪,他的墓碑上刻了一只独木舟。

博拉斯反叛

弗朗西斯科·迪·博拉斯是"圣地亚哥"号的船长,他散布谣言说,哥伦布不想离开牙买加,想要让所有的人陪他一起死在那里。1504年1月2日,他鼓动48个人与他一起叛逃。叛逃的人乘着10只泰诺人的独木舟向海地岛驶去。

在沿着海岸向海地岛行驶时,反叛者抢劫了泰诺人的村庄

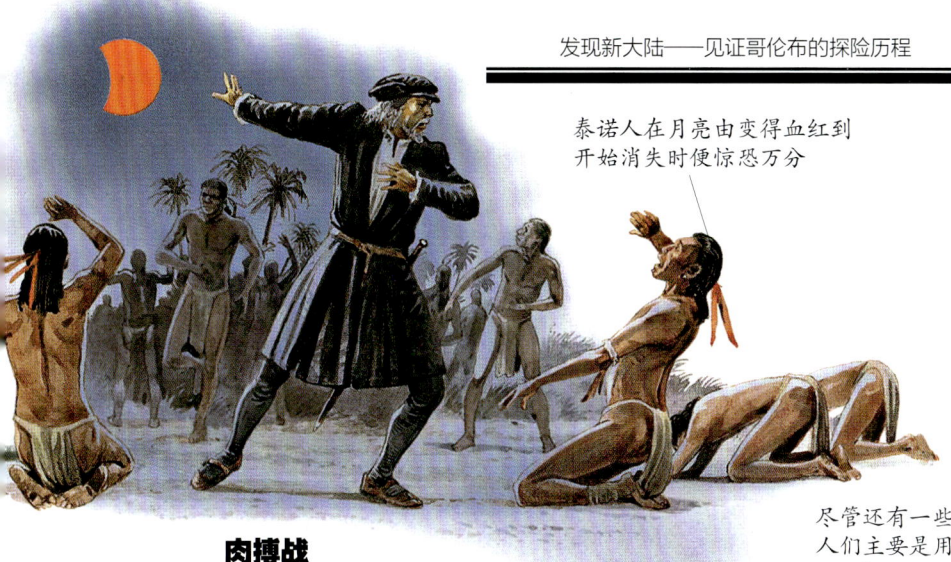

发现新大陆——见证哥伦布的探险历程

泰诺人在月亮由变得血红到开始消失时便惊恐万分

狡猾的计谋

当泰诺人不再向哥伦布的船只送食品时，哥伦布想出了一个狡猾的计谋，以便让那些泰诺人顺从。他从一本天文学书上得知，在1504年2月29日将会发生月食，他对泰诺人说，在那天晚上，他将让上帝去掉月亮的光芒来惩罚他们。他的这个计谋得逞了，后来惊慌的泰诺人把他们能找到的一切食物都送到了船上。

肉搏战

反叛者曾经先后三次试图乘独木舟去往海地岛，可是他们都失败了。博拉斯现在又指责说，是哥伦布用魔法把他们困在了牙买加。1504年5月19日，这些反叛者向哥伦布居住的船发起进攻，想要与他们决一死战，巴尔托洛梅奥带着50个全副武装的人员前往迎击。随后是一场惨烈的战斗，巴尔托洛梅奥获胜了。博拉斯被俘，反叛者们都投降了。

尽管还有一些火药，可是人们主要是用短剑厮杀

哥伦布的部下要比反叛者更加团结和善战

在牙买加滞留了一年零五天以后，看到蒙德兹的船，人们喜出望外

终于获救

尽管迭戈·蒙德兹在1503年8月就到了海地岛，但是直到几个月以后他才买到了一艘船，装上给养送到了哥伦布那里。这艘船在1504年6月才到达，距蒙德兹乘独木舟离开时已经一年了。哥伦布对蒙德兹说，他获救的那一天是一生中最幸福的一天。他原想可能会死在牙买加。

在失望中死去

哥伦布在1504年11月回到了西班牙，这时，他已经是一个老人了，在长期航海中，他的身体已经被损伤得非常严重。在他最后的几个月里，他一直在恳请国王恢复他的权力，可始终也没能如愿。最后，他死于1506年5月20日。他的航海探险，改变了世界历史的进程。可是，直到他死的那一天，哥伦布也没意识到，他并没有到过真正的印度。

牧师在为即将死去的哥伦布祈祷，他的儿子们在身边看着他

探险航海

到15世纪90年代末,哥伦布的航海鼓励了其他探险家去穿越太平洋。最初,他们也像哥伦布一样想要到达"印度"。可最终他们才知道,大西洋对面的大陆与"印度"无关,但他们发现了欧洲人原来不知道的两块大陆,后来,这两块大陆被命名为北美洲和南美洲。

卡伯特

和哥伦布一样,约翰·卡伯特也是热那亚的航海家。1497年,他在英王亨利七世的支持下向西航行寻找"印度"。他到了北美洲,确信那就是"中国"。后来,在1498年,他又进行了一次航海,这以后再也没有关于他的消息。

1497年5月30日,卡伯特离开英格兰的布里斯托尔向西航行

韦斯普奇与新大陆

1499年和1501年,亚美利哥·韦斯普奇进行了两次航海。韦斯普奇认识到那块大陆并不是"印度"的一部分,他写道,他发现的是一个新大陆。一个德国地图绘制者因此而感动,以韦斯普奇的名字命名这块大陆为亚美利加洲(美洲)。

陆地屏障

欧洲人十分惊异地发现,是巨大的陆地屏障阻碍了去往富饶"印度"的海路。可是,当时巴尔博亚是从美洲最狭窄的部分(巴拿马)穿过美洲大陆的,他们认为美洲是一个狭小的大陆,到"印度"可能只是一段短短的航程。后来麦哲伦穿越太平洋的航行证明,这个看法是错误的。

巴尔博亚来到太平洋

1513年,瓦西科·努尼兹·迪·巴尔博亚从陆地穿过了美洲大陆,成为第一个看到太平洋的欧洲人。他戴着头盔,挥舞着短剑,涉入水中,宣称这片大海和岛屿都属于西班牙。巴尔博亚没有想到,他见到的这个大洋是世界上最大的海洋太平洋,它覆盖着地球表面积的近三分之一。

麦哲伦

1519年,斐迪南·麦哲伦带领一支西班牙船队寻找一条穿过美洲到达太平洋的海峡(水上通道)。他在南美洲发现了一个海峡,随后发现了太平洋的真正大小。从这里,麦哲伦经过将近4个月的航程才到达菲律宾,在那里,他死于当地的部落冲突。他的4艘船中只有"维多利亚"号回到西班牙。"维多利亚"号成为第一艘环绕世界航行的船。

导航的进步

在导航方面，哥伦布单纯依赖指南针，他有一台四分仪，这是一种根据星星来确定纬度（南北位置）的仪器。可是，哥伦布用这种仪器时却常常弄错方向。后来，随着更多的欧洲船只驶入外海，更新更好的导航工具被研制出来了。

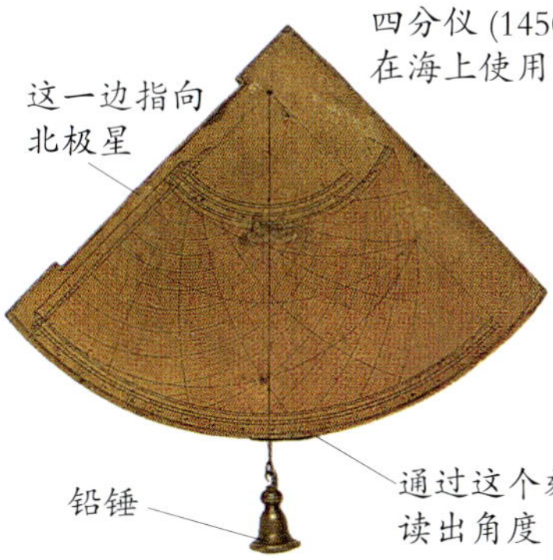

反射镜
目镜
移动杆
六分仪（发明于18世纪30年代）
刻度

用这个指针对准一颗星星或太阳

六分仪很快就取代了直角器，而且更精确

四分仪（1450年开始在海上使用）
直角器（16世纪初发明）

这一边指向北极星

铅锤
通过这个刻度读出角度
刻度
这个指针永远保持在水平线上

四分仪

四分仪是由一个四分之一圆和一个缚在它上面的铅锤组成的。四分仪的一边指向北极星，通过铅锤的角度测量北极星的高度，从而显示船只所在的纬度。但是，在摇摆不定的甲板上要想精确测量是很困难的。

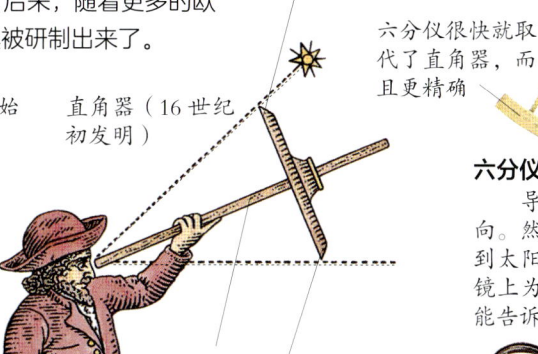

直角器

直角器比四分仪更容易使用。导航员把直角器的测量杆靠在面颊上，移动横档来测量一颗星星或太阳在水平线上的距离。通过读出直角器上的刻度来测量纬度。

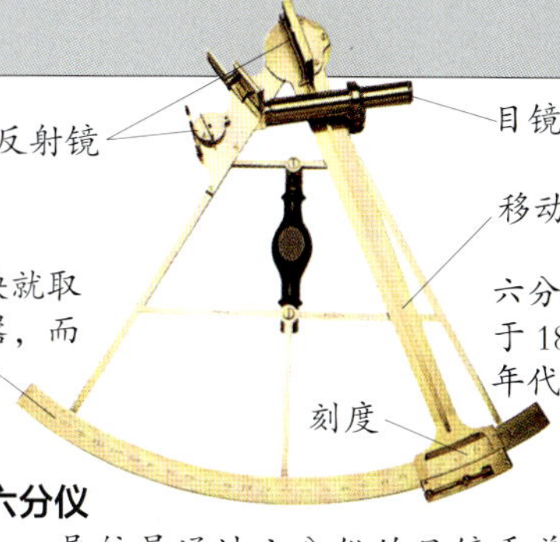

六分仪

导航员通过六分仪的目镜看着水平方向。然后调整透镜，确定移动杆的位置，直到太阳或星星反射到目镜前面的半透明反射镜上为止。从刻度上读出移动杆的角度，这能告诉导航员船只所在的纬度。

经纬仪

最大的导航问题是发现船只所在的经度（东西位置）。解决这个问题的仪器是经纬仪——一台在长期航行时走时准确的时钟。导航员比较当地时间与显示在时钟上的故乡时间，计算出太阳的高度。时差可以告诉他船只已经向东或向西驶出多远。

经纬仪（发明于18世纪60年代）

世界的真实大小

麦哲伦的航行揭示了哥伦布的地理学观点犯了多大的错误。世界要比哥伦布估计的大得多，从欧洲去往"印度"没有捷径，中间隔着美洲和太平洋。

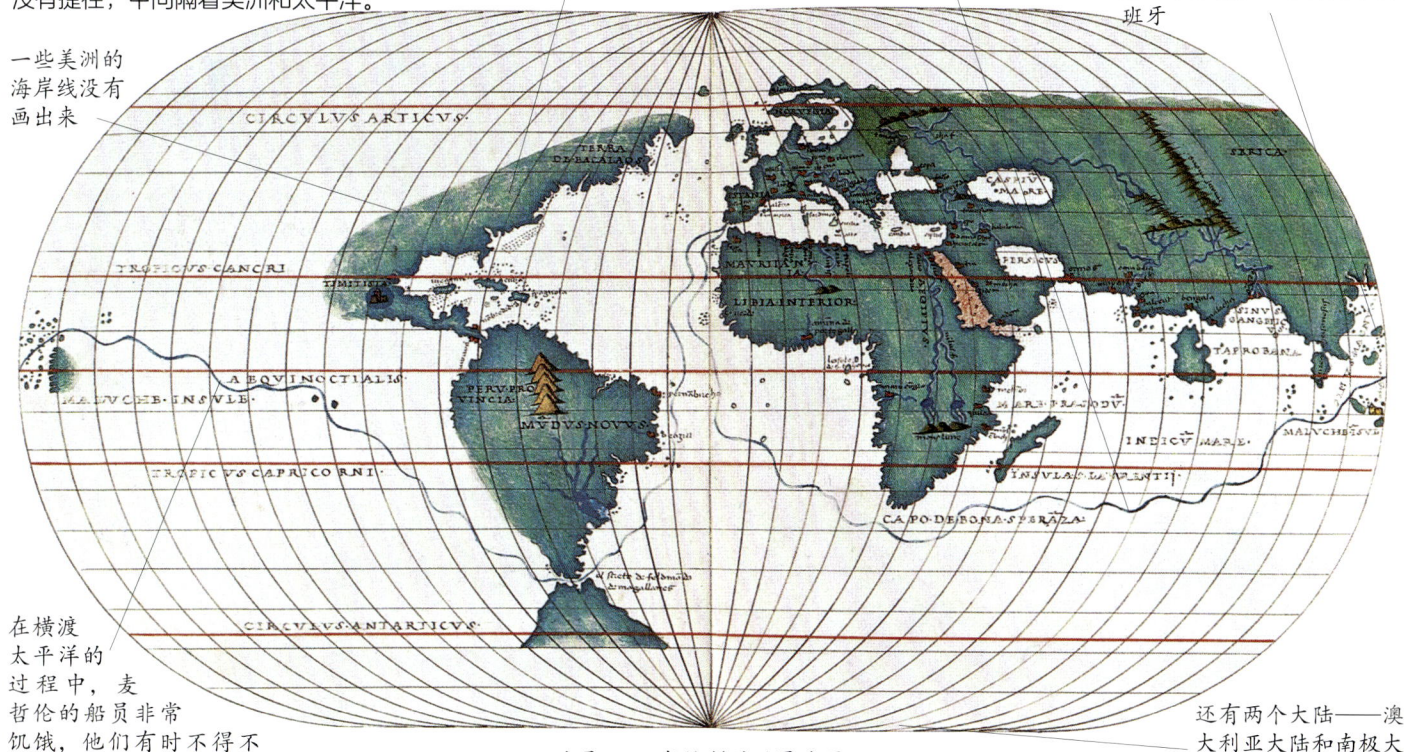

请把这幅地图与这之前60年以前的世界地图（本书第2页至3页）相比较，这幅地图显然更接近现代的世界地图

这条线显示的是1519至1522年间麦哲伦船队的"维多利亚"号在具有历史意义的环球航行中所走的路线

到菲律宾以后，麦哲伦陷入了一场当地的部落战争。他在1524年4月27日的战斗中被杀。麦哲伦带着270人启程，最后，只有17个人乘"维多利亚"号回到了西班牙

一些美洲的海岸线没有画出来

在横渡太平洋的过程中，麦哲伦的船员非常饥饿，他们有时不得不吃老鼠、木屑和皮革等度日

这是1550年绘制的世界地图

还有两个大陆——澳大利亚大陆和南极大陆等着人们去发现

征服者

西班牙人从来没有发现一条去往富有的亚洲的捷径。不过，在哥伦布之后到达美洲大陆的西班牙人发现了比海地岛上的泰诺人更灿烂的文明。在16世纪，这些大陆上的文明都被西班牙征服者摧毁了。

阿兹特克帝国的灭亡

1519年，荷南多·科尔特斯带领一支西班牙军队到了墨西哥。阿兹特克的统治者蒙特祖玛以为科尔特斯是神，所以非常热情地款待他。这是蒙特祖玛犯的一个可怕的错误：两年以后，西班牙人摧毁了特诺奇蒂特兰，使这座阿兹特克帝国伟大的都城变成了一片废墟。

阿兹特克、玛雅和印加

征服者十分惊讶地发现了美洲大陆的三个伟大的文明古国。墨西哥的阿兹特克帝国、秘鲁的印加帝国和中美洲的玛雅王国。这些文明都依次被欧洲人征服了。

阿兹特克宗教

西班牙人惊骇地听说，阿兹特克人对待战俘，是把他们的心挖出来献给上帝。阿兹特克人相信，如果他们不送上牺牲祭品，上帝会使太阳不再升起来。这幅图画显示的是，阿兹特克人把一份祭品献给战神威齐洛波契特里。

焚烧图书

西班牙传教士跟随征服者来到了美洲宣传基督教的教义。这些传教士捣毁了阿兹特克人的神像，认为他们是魔鬼。他们劫掠阿兹特克人和玛雅人的图书馆，焚烧他们的图书。通常这些图书的主人也被同时烧死。

书写与记录保存

阿兹特克人、印加人和玛雅人发明了复杂的保存记录的方法。这些方法有助于他们统治自己的国民和从被征服的人那里征集贡物。阿兹特克人和玛雅人也使用他们自己的书写系统，以便在他们的历法中记录历史事件。

印加人的结绳记事

印加人没有文字，但他们能在带颜色的长绳上做标记，这也能够保存复杂的记录，这种记事方法叫作结绳记事。

玛雅人的手卷

玛雅人创造了一种复杂的字母表，他们用颜色标记表示不同的声音。玛雅人的手卷（也就是书）用于记录宗教信息。在西班牙人征服玛雅人以后，只有四部手卷有幸保存下来。

阿兹特克日历石

阿兹特克人使用一种十分简单的书写方法，用图画代表日期和事件。这块石头上面刻有阿兹特克人的日期，说明了宇宙开始的时间。

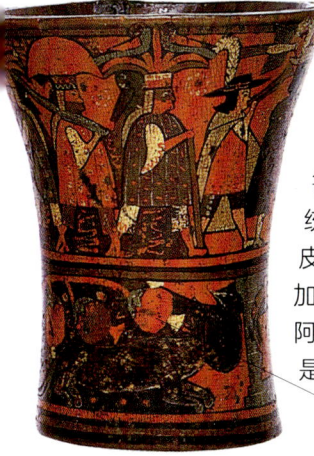

发现新大陆——见证哥伦布的探险历程

皮萨罗和印加

1532年，弗朗西斯科·皮萨罗带领一支由180个西班牙人组成的小部队到了秘鲁。他们到达那里的时候，正值印加国王的统治由于内战而变得风雨飘摇。在一次行动中，皮萨罗抓住了印加国王阿塔瓦尔帕，他要求印加人支付满满一屋子的黄金作为赎金。后来，阿塔瓦尔帕支付了赎金，可是，最终皮萨罗还是处死了他。

这只木杯上的图画显示的是一个带着头饰的印加贵族走在他的征服者一个号兵的后面

哥伦布之后

西班牙人征服以前的美洲历史被称为前哥伦布时期。哥伦布的航海，导致了征服，这几乎改变了美洲的一切。殖民者引进了新的动物，如马、绵羊、猪和牛；新的谷物，如小麦；新的铁制工具；有轮子的运输工具；当然，还有西班牙的文化。

宗教遗产

西班牙人让美洲原住民放弃他们古老的宗教，成为基督徒。这个教堂，位于墨西哥城，建在被征服者摧毁的阿兹特克大金字塔神庙的废墟上。现在的墨西哥城完全是欧洲风格的，它建立在特诺奇蒂特兰古城的遗址上。

遗失的印加城市

印加人的专业石匠用巨大的石块建筑了宏大的城市和堡垒。这就是马丘比丘古城，它位于海拔2 400米以上的印加山地上。西班牙人从来没有发现这座城市，可它还是在西班牙征服期间成了一座弃城。半数的印加人死于欧洲天花，甚至在皮萨罗到来之前，这种病就已经扫荡了整个南美洲。

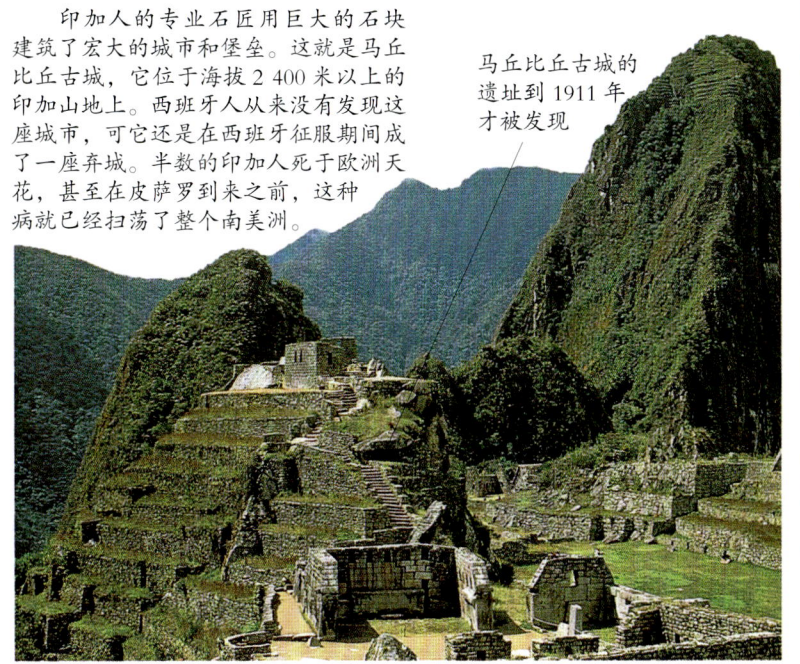

马丘比丘古城的遗址到1911年才被发现

保存下来的土著文化

西班牙的征服虽然使美洲发生了很多改变，但是，美洲土著人日常生活的许多方面都还是艰难地保存了下来。阿兹特克人和玛雅人的食物，如玉米面饼，现在墨西哥和中美洲的妇女仍在制作。一些传统的技术和艺术也保存了下来：布匹仍然是用一种"后带织布机"纺织的，就像几千年以前一样。

征服玛雅

玛雅是美洲大陆最古老的文明，在西班牙人到来时，它已经在衰落。不过玛雅人对于殖民者进行了最强有力的反抗。他们有许多王国，这些王国，西班牙人必须一个一个地去征服。1697年，最后一个玛雅王国被征服。

玛雅金字塔（位于墨西哥乌斯马尔）

玛雅人的神庙

和阿兹特克人一样，玛雅人的神庙也建在大型金字塔的塔顶。这是乌斯马尔的神庙之一。和许多玛雅城市一样，乌斯马尔在殖民者到来400年之前已经是一座弃城。

高达38米的玛雅金字塔

丰厚的回报

欧洲人使用黄金做成首饰和饰物，这些都是殖民者熔化以后运回西班牙的。美洲的黄金和白银使西班牙变得富裕和强大，大部分的金钱被用来支持欧洲的战争。

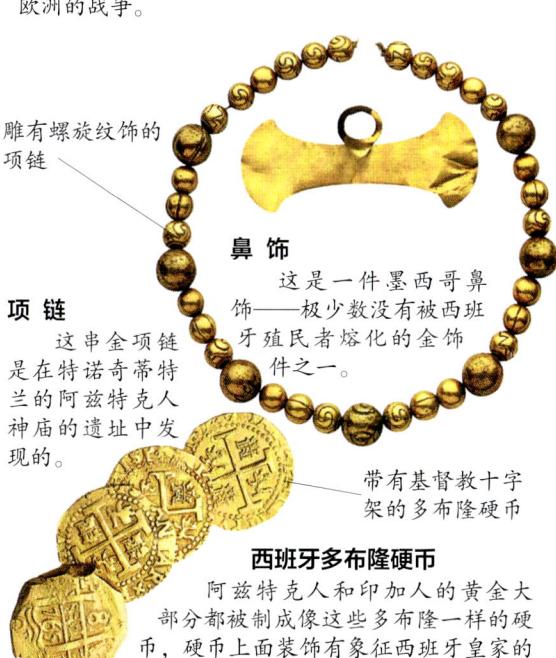

雕有螺旋纹饰的项链

鼻饰

这是一件墨西哥鼻饰——极少数没有被西班牙殖民者熔化的金饰件之一。

项链

这串金项链是在特诺奇蒂特兰的阿兹特克人神庙的遗址中发现的。

带有基督教十字架的多布隆硬币

西班牙多布隆硬币

阿兹特克人和印加人的黄金大部分都被制成像这些多布隆一样的硬币，硬币上面装饰有象征西班牙皇家的狮子和城堡。

DK 儿童探索百科丛书

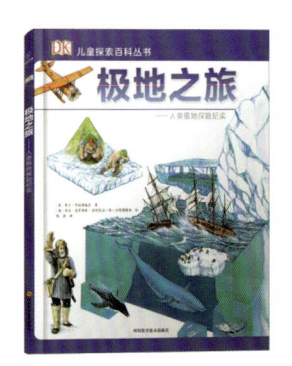

权威的百科丛书　严谨的历史视角　生动的故事叙述

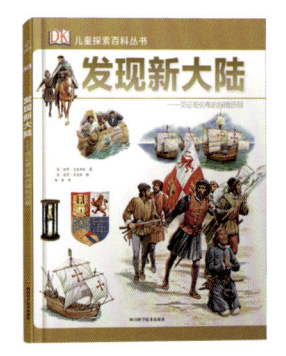

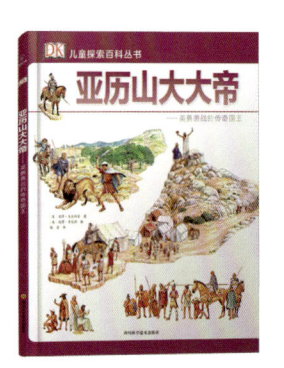

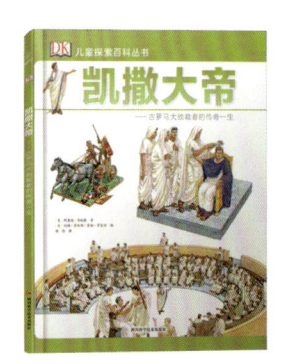

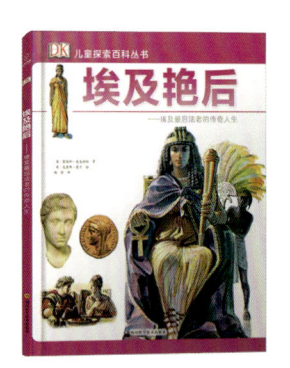

细腻的手绘插图　震撼的现场照片　精美的超长拉页

全方位展示一幅幅史诗级的历史画卷

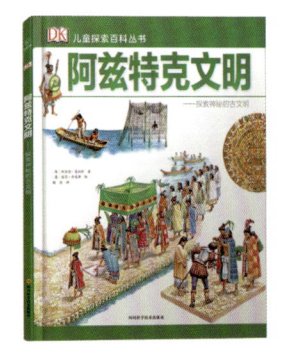

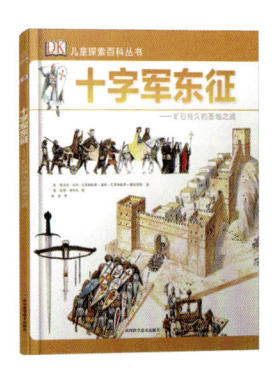

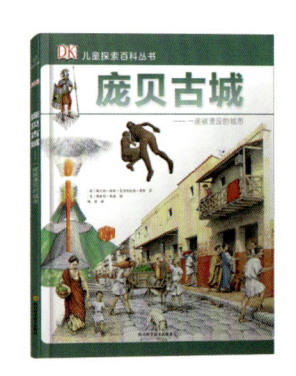